Herbert Taschler
Fotografie: Udo Bernhart

WEIHNACHTEN IN DEN ALPEN

Mit festlichen Rezepten,
alten Bräuchen und Traditionen
durch die Adventszeit

CHRISTIAN

INHALT

WEIHNACHTEN IN DEN ALPEN
Die heimeligste Zeit im Jahr

»Der Winter hat etwas Märchenhaftes. Die Welt liegt weit und klar, die Wege sind schmal und Wanderer darauf wenige, man erwartet daher in jedem etwas Besonderes, in jedem Häuschen, das man betritt, ein Abenteuer, denn außen liegt die Welt so still, innen schlägt das Herz froh, so erwartungsvoll. Je nun, man kann sich täuschen, und man täuscht sich auch, bis zu der Zeit, wo der leuchtende Tannenbaum in die Stube kommt, da lebt jeder ein Märchen. Selbst wenn er den Baum mit eigenen Händen geschmückt hat, wenn er ganz gut weiß, wie viel Taler, Groschen und Pfennige auf all die Herrlichkeiten darauf gegangen; der Baum rauscht mit seinen Schleifen gar geheimnisvoll, die Herrlichkeiten wollen nicht Ware werden, sie bleiben ganz ungewöhnliche Dinge, die erst im Kinderjubel lebendig werden wollen, in diesem Jubel aber erwacht das Kind noch einmal in jedem, auch der kälteste, trockenste Geselle lebt für einen Augenblick ein Märchen – seine Kindheit noch einmal! [...] Weihnachten ist eine frohe Zeit, und sie macht alle fröhlich. Alle? Viele, die meisten, alle wohl nicht. ...«

(Ludwig Anzengruber, 1839–1889)

ADVENT UND WEIHNACHTEN – DIE STILLSTE ZEIT IM JAHR!?

Kindheitserinnerungen werden wach, die Sehnsucht nach Wärme und Nähe im Kreis von Familie und Freunden, nach Kerzenlichtromantik und Kaminfeuer, nach dem Duft von Lebkuchen und Glühwein, nach stimmungsvollen Weihnachtsliedern, Ruhe und Stille ...

Verschneite Wälder, eine Landschaft ganz in weiß, Stille und Natur pur. Weihnachten in den Alpen hat etwas ganz Besonderes zu bieten. Die Alpentäler laden mit alten Bräuchen und überlieferten Traditionen, mit kulturellen Highlights und kulinarischen Leckerbissen jedes Jahr von neuem dazu ein, ein ganz besonderes Weihnachtsfest zu feiern, zu erleben und zu genießen.

Die alpinen Weihnachtstraditionen entspringen oftmals alten heidnischen Bräuchen. Darin nehmen Geister und Dämonen einen wichtigen Platz ein, ebenso wie der Glaube an die dunkle Kraft und die Mächte der Natur. Weihnachten und Advent in den Alpen ist ohne eine mystische und etwas rätselhafte Seite nicht denkbar. Diese tut sich nicht nur bei Krampusumzügen und Rauchnächten, Klöckeln und Klosn auf.

Der Zauber der Alpenweihnacht steckt aber auch voller Genuss und Lebensfreude. Das zeigt sich in den typischen Köstlichkeiten und zahlreichen

Leckereien, die in dieser Zeit kredenzt werden:
Weihnachtszelten und Vanillekipferl, Glühwein
und Orangenpunsch, Palabirnen und Schnalser Nudeln, Graukassuppe und Pressknödel,
Strauben und Melchermuas … Liebevoll wird
auch die Vorfreude auf die Festtage zelebriert:
Romantische Dekorationen mit Tannenzweigen
und Strohsternen, mit Tschurtschen (Zapfen)
und brennenden Kerzen, mit Weihnachtsschmuck aus Filz und Holz sorgen für weihnachtlichen Glanz, eine heimelige Atmosphäre
und ein ansprechendes Weihnachtsambiente.
Stimmungsvolle Christkindlmärkte, Adventsfeiern
und Krippenspiele, Weihnachtssingen und Turm-
bläser laden zum besinnlichen Zusammensein …

Wir freuen uns auf eine gemeinsame Entdeckungs-
reise durch die Advents- und Weihnachtszeit
in den Alpen und auf ein Eintauchen in alpine
Traditionen und Bräuche in der heimeligsten Zeit
des Jahres.

Herbert Taschler, Autor
Udo Bernhart, Fotograf

7

ADVENT, ADVENT,
ein Lichtlein brennt …

Mit der Adventszeit verbinden viele Menschen Vorstellungen und Erinnerungen aus der Kindheit: die Sehnsucht nach Wärme und Nähe im Kreis von Familie und Freunden, nach Kerzenlichtromantik und Kaminfeuer, nach dem Duft von Lebkuchen und Glühwein, nach Weihnachtsliedern, Ruhe und Stille … Der Advent ist im Jahresverlauf eine Zeit, in der ganz besondere Stimmungen und Gefühle in den Mittelpunkt rücken.

Traditionell ist er eine Zeit der Besinnung und des Innehaltens, für viele aber auch von Stress und besonderer Hektik, man denke nur an die überfüllten Innenstädte und Geschäftsstraßen. In den ländlichen Gegenden des Alpenbogens kann man dagegen gut abschalten und sich auf die eigentlichen Werte dieser Zeit besinnen. Eine verschneite Berglandschaft stimmt auf den Winter ein. Der Schnee knirscht unter den Füßen,

stimmungsvolle Musik klingt von den kleinen Christmärkten, verlockende weihnachtliche Gerüche liegen in der Luft.

DIE ADVENTSZEIT FRÜHER UND HEUTE

In diesen Wochen vor Weihnachten spielen Bräuche im Alltag noch eine große Rolle: Tannenzweige und Kerzen, Barbarazweige und Adventskranz, Rorate-Ämter und Adventsfeiern, Nikolaus- und Krampusumzüge, Brotbacken und Schlachten auf den Bauernhöfen, Weihnachtskekse und Glühwein … Zahlreiche Traditionen bereichern die Adventszeit mit ihrer Schönheit und tiefen Symbolik.

Der Name »Advent« entsprach in seinem Ursprung dem griechischen Begriff »epiphaneia« (Erscheinung) und kommt vom lateinischen »adventus« (Ankunft). Die Christen bereiten sich in dieser Zeit auf das Hochfest der Geburt von Jesus von Nazareth, also die Menschwerdung Gottes, vor: auf Weihnachten.

In der alten Kirche war die Adventszeit eine Fastenzeit, die auf den Zeitraum zwischen dem 11. November und dem ursprünglichen Weihnachtstermin, dem Fest der Erscheinung des Herrn am 6. Januar, festgelegt war. Die heutige Form der Adventszeit geht auf das siebte Jahrhundert und auf Papst Gregor zurück. Der Advent beginnt heute immer mit einem Sonntag und endet mit Weihnachten am 25. Dezember.

Advent, Advent,
ein Lichtlein brennt,
erst eins, dann zwei,
dann drei, dann vier,
dann steht das Christkind
vor der Tür.

(Verfasser unbekannt)

ADVENTSKRANZ
und Adventskalender

1839 ließ der evangelische Theologe Johann Hinrich Wichern im Betsaal des Rauhen Hauses in Hamburg erstmals einen hölzernen Leuchter mit 23 Kerzen aufhängen – 19 kleine rote für die Werktage bis Weihnachten, vier dicke weiße für die Sonntage. Der Lichterkranz erhellte feierlich den Saal und tauchte die mit grünen Zweigen geschmückten Wände in ein warmes Licht.

Um 1860 entstanden die ersten Adventskränze. Dafür umwickelte man einen Holzreifen mit Tannenreisig und befestigte nur mehr vier Kerzen, eine für jede der vier Wochen der Adventszeit, am Kranz. Der ursprünglich evangelische Brauch fand ab den 1920er-Jahren auch in die katholische Kirche Eingang. Der Adventskranz selbst weist mit seinen vier Kerzen auf das Licht hin, das mit Christus an Weihnachten in die Welt kommt. Noch heute versammeln sich viele Familien an den Adventssonntagen um den Adventskranz, zünden die Kerzen an und stimmen sich mit Liedern und Gebeten auf die stille Zeit und das bevorstehende Weihnachtsfest ein. Zu Beginn des 20. Jahrhunderts tauchten dann auch, insbesondere für Kinder, die ersten Adventskalender in den verschiedenen Ausprägungen auf, seit 1920 mit Türen, die man öffnen konnte. Ein Adventskalender hat in der Regel 24 Türen mit versteckten kleinen Geschenken und Süßigkeiten. Vom 1. bis zum 24. Dezember dürfen die Kinder dann täglich eine davon öffnen.

GOTTESDIENST BEI KERZENSCHEIN

Auch die sogenannten Rorate-Messen, auch Engelsämter genannt, gehören zum festen Brauchtum in der Adventszeit. Früh am Morgen läuten die Glocken in den Wochen bis zum Heiligabend zum Rorate-Amt, das in vielen Kirchen noch heute sehr stimmungsvoll und bei Kerzenschein gefeiert wird. Das Wort Rorate geht auf einen Text aus dem Buch Jesaja 45,8 zurück: »Rorate, caeli, desuper, et nubes pluant iustum.« – »Tauet Himmel, von oben, ihr Wolken, lasst Gerechtigkeit regnen.«

DAS FEST DER HEILIGEN BARBARA

Der Gedenktag der Heiligen Barbara von Nikomedien wird alljährlich am 4. Dezember gefeiert. Der Legende nach starb die Heilige im dritten Jahrhundert nach Christus in Kleinasien als Märtyrerin. Barbara gehört zu den Vierzehn Nothelfern und gilt als Helferin bei Blitz- und Feuergefahr, ist Schutzpatronin der Bergleute, der Gefangenen und der Architekten. Dargestellt wird die Heilige meist vor einem Turm mit drei Fenstern, mit Kelch und Hostie, Kanonenrohr oder Fackel.

Weit verbreitet hat sich der alte Brauch der Barbarazweige: Traditionell werden am Barbaratag einige Zweige von Apfel- oder Kirschbäumen abgeschnitten und in einer Vase mit Wasser in die warme Stube gestellt. Wenn diese zum Weihnachtsfest aufblühen, dann wird dies als gutes Zeichen für das kommende Jahr gewertet.

Der schöne Brauch lehnt sich an Barbaras Gefangenschaft an: Sie habe einen verdorrten Kirschbaumzweig mit einigen Tropfen aus ihrem Becher benetzt, worauf dieser in ihrer Zelle aufblühte, berichtet die Legende.

HEILIGER NIKOLAUS

Wir alle kennen die Geschichten: Der Heilige Nikolaus bewahrte einst Myra vor einer großen Hungersnot. Seeräuber überfielen die Stadt und kaperten alle Getreideschiffe. Die Stadt konnte nicht genug Lösegeld aufbringen und so verlangten die Seeräuber die Kinder der Stadt als Sklaven. Bischof Nikolaus opferte den gesamten Kirchenschatz und die Seeräuber zogen zufrieden ab. Oder jene von dem gottesfürchtigen Mann, der so arm war, dass er seinen drei Töchtern keine Aussteuer geben konnte. In seiner Verzweiflung wusste er keinen anderen Rat, als die Mädchen zu Liebesdiensten auf die Straße zu schicken. Um das zu verhindern, warf Nikolaus drei goldene Kugeln durch den Kamin der Familie, welche direkt in die zum Trocknen aufgehängten Socken fielen.

Der echte Nikolaus lebte um 340 nach Christus als Bischof im türkischen Myra. Er galt als barmherzig und sehr mildtätig: Alles, was er besaß, verschenkte er an Arme und an Kinder. Bischof Nikolaus zählt als Schutzpatron der Kinder wohl zu den beliebtesten und bekanntesten Heiligen. Am Vorabend des Nikolaustages, am 5. Dezember, zieht er in Begleitung von zwei Engeln und Gehilfen von Haus zu Haus. Die braven und fleißigen Kinder belohnt er mit Geschenken, die faulen und bösen lässt er von einem Gehilfen bestrafen: vom Knecht Ruprecht, dem Krampus oder dem Klaubauf.

Das Gute verkörpern, Freude und Belohnung bringen, das sollte nach wie vor die eigentliche Aufgabe vom heiligen Nikolaus sein. Bei vielen Umzügen steht heute allerdings der Krampus als Vertreter des Bösen im Mittelpunkt. Kein Wunder, bieten doch die Umzüge einen Höllenspaß.

Heiliger Nikolaus,
du braver Mo,
i sing dir a Liadl,
so guat wia i ko (...)

(Wastl Fanderl, 1949)

FURCHTERREGENDE GESELLEN –

unterwegs mit Krampussen und Klaubaufen

Wenn die Tage kürzer und die Nächte länger und dunkler werden, dann kommt die Zeit der Krampusse und Perchten, der teuflischen Schreckgestalten. Der Brauch hat seinen Ursprung im Heidentum, als wilde Gestalten mit Glockenlärm und Geschrei die Kältegeister aus den Wäldern locken sollten. Krampusse und Perchten sind im gesamten Alpenraum bekannt und gehören untrennbar zum Adventsbrauchtum. Der Nikolaus, der die braven Kinder mit Süßigkeiten

beschenkt, kam erst viel später hinzu – meist in Gesellschaft dieser furchteinflößenden Gesellen. Einer der ältesten und größten Krampusumzüge geht im Südtiroler Hochpustertal über die Bühne, in Toblach. Bei Anbruch der Dunkelheit versammeln sich einige hundert Krampusse und ungeheuerliche Gestalten. Sie tragen kunstvoll geschnitzte Holzmasken, die furcherregende Fratzen mit gewundenen Tierhörnern und roten Zungen darstellen, und dazu zottelige Fell-

DAS KLOSN IM KNAPPENDORF STILFS

Eine besondere Form der Umzüge findet man im Vinschgauer Knappendorf Stilfs. Hier lässt man jedes Jahr einen alten vorweihnachtlichen Brauch aufleben: Das Bergdorf verwandelt sich in ein buntes Farbenmeer, während ohrenbetäubender Lärm durch die Gassen hallt. Die Rede ist vom traditionellen »Klosn«, das am Samstag vor oder nach dem Festtag des Heiligen Nikolaus am 6. Dezember über die Bühne geht. Woher dieser farbenprächtige, lärmende Brauch stammt und wie er entstanden ist, kann heute nicht mehr mit Gewissheit gesagt werden. Die jungen Burschen und Männer des Ortes schlüpfen in rot-grün-gelb-blau-orange-violett gefärbte Gewänder, ziehen sich furchteinflößende Masken über und hängen sich vorne am Körper mehrere mög-lichst große und schwere Glocken, die Schellen, um. Dann ziehen sie lärmend und schreiend in den Rollen von Klaubaufen, Schellern, Eseln und Tuifeln (Krampussen) durch die Straßen des Berg-dorfs. Sie schellen, was das Zeug hält, ahmen das Geschrei von Eseln nach, wälzen sich zwischen-durch am Boden und treiben ihre Späße mit den zahlreichen Schaulustigen.

kostüme und schwere Glocken. Wild lärmend und ein höllisches Spektakel veranstaltend ziehen sie durch die Straßen – auf der Suche nach unartigen Kindern und Erwachsenen. Für weniger mutige Zuschauerinnen und Zuschauer und vor allem für die Kinder gibt es eine Kram-pusfreie Zone zum sicheren Beobachten des ausgelassenen Treibens.

Sobald sich der teuflische Umzug nach mehreren Stunden dem Ende zuneigt, tritt auch der Niko-laus in Erscheinung. Die braven und vor allem mutigen Kinder, die sich von den wilden Gestal-ten nicht haben abschrecken lassen, bekommen zur Belohnung ein kleines Geschenk.

Der Heilige Nikolaus, der »Santa Klos«, darf beim bunten und lauten Treiben natürlich nicht fehlen. In Begleitung von ganz in Weiß gekleideten Wesen folgt er – unbeeindruckt vom Treiben der jungen Wilden – dem bunten Zug. Ein Augen-blick der Stille herrscht an diesem Tag in Stilfs nur für einen kurzen Moment: Bei Einbruch der Dun-kelheit werden die Glocken abgelegt und das ganze Dorf versammelt sich beim Ave-Maria-Läu-ten auf dem Platz vor der Kirche zum Gebet. Aber sofort nachdem das Amen gesprochen ist, erschallt wieder das Geläute. Mit Speis, Trank und Musik geht es bis in die späte Nacht hinein noch einmal laut und lustig zu.

SÜDTIROLER BAUERNZELTEN

von Ella Bernhart, Kastelbell, Südtirol

Zubereitet und verziert mit kandierten Früchten, Nusskernen und weihnachtlichen Gewürzen – Zelten sind eine verfeinerte Form des Früchtebrots und das Weihnachtsgebäck schlechthin. An der Zusammensetzung der Zutaten ließ sich früher der Wohlstand der Leute ablesen: Die Bauernzelten enthalten mehr Teig und weniger dekorative Früchte, ein weihnachtlicher Hochgenuss sind sie aber allemal.

Für 1 großen Laib | Zubereitung: 60 Minuten | Ziehzeit: über Nacht
Ruhezeit: 10 Minuten + 60 Minuten + 1 Woche | Backzeit: 60 Minuten | Schwierigkeitsgrad: leicht

150 g Nüsse (z. B. Walnusskerne, Haselnusskerne)
150 g Mandelkerne
150 g Pinienkerne
350 g getrocknete Feigen
350 g Rosinen (oder Sultaninen)
100 ml Rum
1 TL Zimtpulver
1 TL Nelkenpulver
2 EL Zucker
20 g frische Hefe
150 g Roggenmehl (Type 997)
150 g Weizenmehl (Type 405)
1 Prise Salz
100 g kandierte Früchte
1 EL Honig

1   Etwa ein Drittel der Nuss-, Mandel- und Pinienkerne beiseitelegen. Den Rest grob hacken, die Feigen in dünne Streifen schneiden. Die Kerne und Feigen zusammen mit den Rosinen in eine Schüssel geben und mit dem Rum übergießen. Zimt-, Nelkenpulver und 1 EL Zucker darüberstreuen und über Nacht zugedeckt ziehen lassen.

2   Für den Teig die Hefe und den restlichen Zucker in lauwarmen Wasser auflösen und etwa 10 Minuten gehen lassen. Beide Mehlsorten sowie Salz dazugeben und alles zu einem Teig verarbeiten. Die Masse aus Nuss-, Mandel-, Pinienkernen, Feigen und Rosinen zum Teig geben und gründlich einarbeiten. Aus dem Teig kleine, flache Laibe (Zelten) formen und diese zugedeckt an einem warmen Ort für 60 Minuten gehen lassen.

3   Die Zelten mit den beiseitegelegten Nuss-, Mandel- und Pinienkernen sowie den kandierten Früchten verzieren. Inzwischen den Honig in etwas heißem Wasser auflösen und die verzierten Laibchen mit Honigwasser bestreichen.

4   Den Ofen auf 200 °C Ober- und Unterhitze vorheizen. Das Backblech mit Backpapier auslegen, die Zelten darauf verteilen und etwa 60 Minuten backen. Dabei immer wieder mit dem Honigwasser bepinseln. Anschließend komplett abkühlen lassen und einzeln in Frischhaltefolie einwickeln. Am besten 1 Woche ruhen lassen, je länger die Zelten durchziehen können, desto aromatischer werden sie.

PUSCHTERER BREATL

vom Hittal-Hof im Pustertal, Südtirol

Das Puschterer Breatl ist das typische Fladenbrot aus dem Pustertal. Es besteht zu zwei Dritteln aus Roggen- und zu einem Drittel aus Weizenmehl. Sauerteig übernimmt die Lockerung, während Salz und Gewürze wie Fenchel, Kümmel, Koriander oder Brotklee den würzig-kräftigen Geschmack abrunden.

Für 4 Brotlaibe | Zubereitung: 30 Minuten | Ruhezeit: 4–5 Stunden | Backzeit: 45 Minuten
Schwierigkeitsgrad: leicht

1 kg Roggenvollmehl (erhältlich im Onlinehandel, alternativ Roggenvollkornmehl)
500 g Weizenvollmehl (erhältlich im Onlinehandel, alternativ Weizenvollkornmehl)
2 TL Salz
1 TL Kümmelsamen
1 TL Fenchelsamen
Schabzigerklee nach Belieben
100 g Sauerteig

1 Roggen- und Weizenvollmehl, Salz und Gewürze in einer großen Schüssel gut vermischen. Den Sauerteig mit etwas Wasser anrühren und der Mehlmischung beimengen. Alle Zutaten unter Zugabe von etwas Wasser zu einem mittelfesten Teig kneten. Den Teig zu einer Kugel formen und zugedeckt an einem warmen Ort 4–5 Stunden gehen lassen.

2 Den Ofen auf 220 °C Ober- und Unterhitze vorheizen. Ein bis zwei Backbleche mit Backpapier belegen. Währenddessen den Teig in vier gleich große Portionen teilen und daraus vier flache Brotlaibe formen. Die Puschterer Breatl etwa 45 Minuten backen, bis die Laibe schön braun sind.

BROT BACKEN
AUF DEM BAUERNHOF –
Tradition und Qualität

Über Jahrhunderte hinweg haben sich in den Alpenregionen landestypische Brotsorten entwickelt. Brot war dabei immer mehr als ein bloßes Grundnahrungsmittel. Es war und ist gleichzeitig ein Spiegelbild und ein spezifisches Produkt der Region, bezeichnend für die Entwicklung des Landes. Die individuelle Backart, die Zutaten, der typische Geschmack und die jeweils eigene Form geben Auskunft über das Gebiet, seine Tradition, seine Kultur, seine Menschen und deren Essgewohnheiten. Jede Brotspezialität erzählt eine eigene Geschichte. Es ist die Geschichte von Brauchtum und alten Sitten, von Armut und Wohlstand, vom Leben auf dem Lande und in der Stadt.

Brot ist als Qualitätsprodukt ein wesentlicher Bestandteil der lokalen Tradition. Nach altbewährten Rezepten und überlieferten Produktionsverfahren werden im Lande viele traditionsreiche und ortsspezifische Brotsorten gebacken: Schüttelbrot, Fladenbrot, Paarl, Roggenbrot, Gebildebrot, Brezen und Zelten.

SCHÜTTELBROT

von der Bäckerei Santer in Schnals, Südtirol

Die Bezeichnung »Schüttelbrot« stammt von seiner Zubereitungsart. Denn der weiche Roggenteig wird mittels eines runden Brettchens »flach geschüttelt« und anschließend gebacken. Schüttelbrot besteht fast zur Gänze aus Kruste und schmeckt ausgezeichnet zu Speck, Wurst und Käse oder auch als Knabbergebäck zu einem guten Glas Wein.

Für 10 Schüttelbrote | Zubereitung: 40 Minuten | Ruhezeit: 30 Minuten + 3 Stunden + 30 Minuten
Backzeit: 20 Minuten | Schwierigkeitsgrad: mittel

1 kg Roggenvollmehl (erhältlich
im Onlinehandel, alternativ
Roggenvollkornmehl)
500 g Weizenvollmehl (erhältlich
im Onlinehandel, alternativ
Weizenvollkornmehl)
½ TL Salz
30 g frische Hefe
1 TL Kümmelsamen
1 TL Schabzigerklee
5 EL Weizenkleie

1 Beide Mehlsorten und das Salz in einer Schüssel gut vermischen, in die Mitte eine Mulde drücken. Die Hefe hineinbröckeln. Mit 3 EL lauwarmem Wasser zu einem Vorteig (Dampfl) verrühren und diesen zugedeckt an einem warmen Ort 30 Minuten gehen lassen.

2 Etwa 500 ml lauwarmes Wasser und die Gewürze beifügen und alles zu einem weichen Teig kneten. Diesen auf das doppelte Volumen aufgehen lassen – ungefähr 3 Stunden.

3 Handgroße Teigkugeln formen, diese auf ein mit Kleie bestreutes Tuch legen und noch einmal 30 Minuten gehen lassen. Die Fladen einzeln auf ein mit Mehl bestaubtes 30–40 cm großes, rundes Brett legen und im Kreis schütteln, bis der Teig die Größe des Brettes erreicht hat und dünn geworden ist.

4 Den Ofen auf 200 °C Ober- und Unterhitze vorheizen und die Teiglinge ungefähr 20 Minuten backen, bis sie schön braun und knusprig sind.

5 Das Schüttelbrot gut trocknen lassen und an einem trockenen Ort aufbewahren.

SPITZBUBEN

Weihnachten ohne Kekse ist wohl kaum vorstellbar. In den letzten Adventswochen wird daher in jedem Haushalt eifrig gebacken: Traditionsreiche Plätzchenklassiker wie Spitzbuben und Vanillekipferl, Lebkuchen und Haselnusskekse stehen dabei nach wie vor ganz weit oben in der Beliebtheitsskala.

Für 30–35 Stück | Zubereitung: 30–40 Minuten | Ruhezeit: 2 Stunden | Backzeit: 8–10 Minuten
Schwierigkeitsgrad: mittel

400 g Dinkelmehl (Type 630)
Salz
1 Pck. Vanillezucker (8 g)
1 Pck. Backpulver (16 g)
300 g kalte Butter
1 Ei, Größe M
150 g Zucker
Puderzucker zum Bestreuen
Konfitüre zum Bestreichen (z. B. Marille oder Sauerkirsche)

1 Das Mehl, 1 Prise Salz, Vanillezucker und Backpulver in einer Schüssel vermischen. Die Butter in kleine Stücke schneiden und zusammen mit dem Ei und dem Zucker dazugeben. Alle Zutaten zu einem glatten Teig verkneten.

2 Den Teig 2 Stunden ruhen lassen und anschließend auf einer bemehlten Arbeitsfläche gleichmäßig etwa 2 mm dick ausrollen. Vom Teig runde Kreise ausstechen. Aus der einen Hälfte der Kreise in der Mitte jeweils eine kleine Öffnung ausstechen.

3 Den Ofen auf 160 °C Umluft vorheizen. Die Plätzchen auf ein mit Backpapier belegtes Backblech legen und in 8 Minuten goldgelb backen. Abkühlen lassen. Die Plätzchenhälften mit Loch mit Puderzucker bestauben. Die anderen Plätzchenhälften gleichmäßig mit Konfitüre bestreichen, dabei einen Rand von etwa 3 mm lassen. Zum Schluss je eine Lochhälfte auf eine mit Konfitüre bestrichene Hälfte setzen.

VANILLEKIPFERL

Für 50 Stück | Zubereitung: 30 Minuten | Ruhezeit: 2 Stunden | Backzeit: 15–20 Minuten
Schwierigkeitsgrad: mittel

250 g Weizenmehl (Type 405)
200 g Butter
100 g Zucker
100 g gemahlene Mandelkerne
2 Eigelb, Größe M
Salz
2 Pck. Vanillezucker (à 8 g)
Puderzucker zum Bestreuen

1 Aus Mehl, Butter, Zucker, gemahlenen Mandeln, Eigelb, 1 Prise Salz und 1 Päckchen Vanillezucker einen Teig kneten, den Teig zu einer Kugel formen, mit Frischhaltefolie einwickeln und 2 Stunden im Kühlschrank ruhen lassen.

2 Aus dem Teig kleine Kugeln rollen und diese auf der bemehlten Arbeitsplatte zu kleinen Würstchen formen, zu Kipferln biegen und auf ein mit Backpapier belegtes Backblech legen.

3 Den Ofen auf 160 °C Umluft vorheizen und die Plätzchen in 15–20 Minuten goldgelb backen. Den Puderzucker mit dem restlichen Vanillezucker mischen, in ein feines Sieb geben und die Vanillekipferl großzügig damit bestreuen.

HASELNUSSKEKSE

Für 60 Stück | Zubereitung: 1 Stunde | Ruhezeit: 30 Minuten | Backzeit: 5–7 Minuten
Schwierigkeitsgrad: mittel

250 g Butter
250 g Zucker
1 Msp. geriebene Zitronenschale
4 Eier, Größe M
500 g Weizenmehl (Type 405)
200 g gemahlene
Haselnusskerne
1 Pck. Backpulver (16 g)
Puderzucker zum Bestreuen

1   Die nicht zu kalte Butter mit dem Zucker und der geriebenen Zitronenschale zu einer homogenen Masse verarbeiten. Drei Eier hinzugeben, Mehl, Haselnüsse und Backpulver beimischen und alles zu einem Teig kneten.

2   Den Teig 30 Minuten ruhen lassen und anschließend auf einer bemehlten Arbeitsfläche etwa 0,5 cm dick ausrollen. Das restliche Ei verquirlen. Mit beliebigen Formen Plätzchen ausstechen, diese auf ein mit Backpapier belegtes Backblech legen und mit etwas verquirltem Ei bestreichen. Den Backofen auf 180 °C Ober- und Unterhitze vorheizen und die Plätzchen 5–7 Minuten backen.

3   Nach dem Backen mit Puderzucker bestreuen.

LEBKUCHEN

Für 80 Stück | Zubereitung: 1 Stunde | Ruhezeit: über Nacht + 1–2 Stunden | Backzeit: 20 Minuten
Schwierigkeitsgrad: mittel

1 unbehandelte Zitrone
300 g Honig
200 g braunen Rohrzucker
200 g Butter
10 g Lebkuchengewürz
500 g Weizenmehl (Type 405)
250 g Roggenmehl (Type 997)
3 Eier, Größe M

1 Die Zitrone waschen, abtrocknen und die Schale abreiben. Den Honig mit dem Zucker erwärmen. Unter Rühren die Butter, das Lebkuchengewürz und die abgeriebene Zitronenschale dazugeben. Vom Herd nehmen und leicht abkühlen lassen. Nach und nach die Honig-Zucker-Masse mit dem Mehl verrühren und gut verkneten. Die Eier schaumig schlagen und unter den Teig mischen. Den Teig noch einmal kneten und mindesten 1 Nacht ruhen lassen.

2 Vor dem Ausrollen den Teig nochmals gründlich kneten und dann auf einer bemehlten Fläche fingerdick ausrollen. Mit einem Plätzchenausstecher nach Wahl den Teig ausstechen, die Lebkuchen auf ein mit Backpapier belegtes Backblech legen und 1–2 Stunden ruhen lassen.

3 Den Ofen auf 180 °C Ober- und Unterhitze vorheizen und die Lebkuchen etwa 20 Minuten backen. Wenn die Oberfläche glänzen soll, diese kurz vor Backzeitende mit Zuckerwasser bestreichen.

4 Die Lebkuchen auf einem Rost auskühlen lassen und in einer verschlossenen Dose mit einem Apfel (dann werden sie nicht hart) aufbewahren.

VOM SCHNAPSBRENNEN –
Aqua vitae und Lebenselixier

Ob arm oder reich, in jedem Bauernhof standen einst ein paar Flaschen Schnaps oder Grappa. Dieses wertvolle und lebenswichtige Getränk fand vielseitige Verwendung. Ein kräftiger Schluck in der kalten Jahreszeit und vor allem zur Verdauung nach den Mahlzeiten war stets geschätzt. Mit Heilkräutern versetzt diente Grappa als Medizin und zum Einreiben gegen allerlei Beschwerden bei Mensch und Tier.

Das Schnapsbrennen hat sich in den südlichen Regionen der ehemaligen Österreichisch-Ungarischen Monarchie vom Friaul über Venetien, Trentino-Südtirol bis in die Lombardei und nach Piemont ab dem 17./18. Jahrhundert verbreitet. Die Bauern dieser Zeit waren arm und mussten den Großteil ihrer Ernte den Gutsherren abliefern. Von den Trauben blieb ihnen nicht mehr als die Trester. Diese destillierten sie dann zu Grappa.

Zu Zeiten Maria Theresias war die Branntwein-
brennerei im k. u. k. Reich staatliches Monopol.
Gegenüber den Tirolern zeigte die Kaiserin aber
ein besonderes Wohlwollen und gewährte ihnen
großzügig die 3-Hektoliter-Brennrechte, die
heute noch in Italien gelten.

Gerne trinken Bauern auch heute noch vor dem
Einschlafen ihr berühmtes Gläschen Schnaps.

Dabei weiß der Bauer, dass jeder Genuss maß-
voll sein muss. Das Lebenswasser (Aqua vitae)
Grappa wird auch häufig als Begrüßungstrunk
ausgeschenkt. So gibt es in vielen Tiroler Bauern-
stuben das typische »Schnapskastl«, wo der gute
Tropfen zum Ausschank bereitsteht.

GLÜHWEIN

Ein heißer duftender Glühwein wird nicht nur auf den Weihnachtsmärkten gern getrunken. Auch zu Hause zubereitet wärmt er an kalten Winterabenden herrlich von innen. Neben dem klassischen Getränk aus Rotwein gibt es auch den weißen Glühwein mit Weißwein sowie verschiedene Varianten ohne Alkohol, etwa mit Apfelsaft.

Zubereitung: 1 Stunde
Schwierigkeitsgrad: leicht

1 Flasche trockener Rotwein (z. B. Südtiroler Vernatsch oder Lagrein)
1 unbehandelte Orange in Scheiben
2 Stangen Zimt
3 Gewürznelken
3 Sternanis
1–2 EL Zucker
1 EL Honig

Den Rotwein in einem großen Topf bei mittlerer Temperatur erwärmen, aber nicht kochen. Beim Erwärmen die restlichen Zutaten hinzufügen und unterrühren. Den Topf vom Herd nehmen und den Glühwein etwa 1 Stunde ziehen lassen. Vor dem Servieren erneut erwärmen und durch ein Sieb in die Tassen gießen.

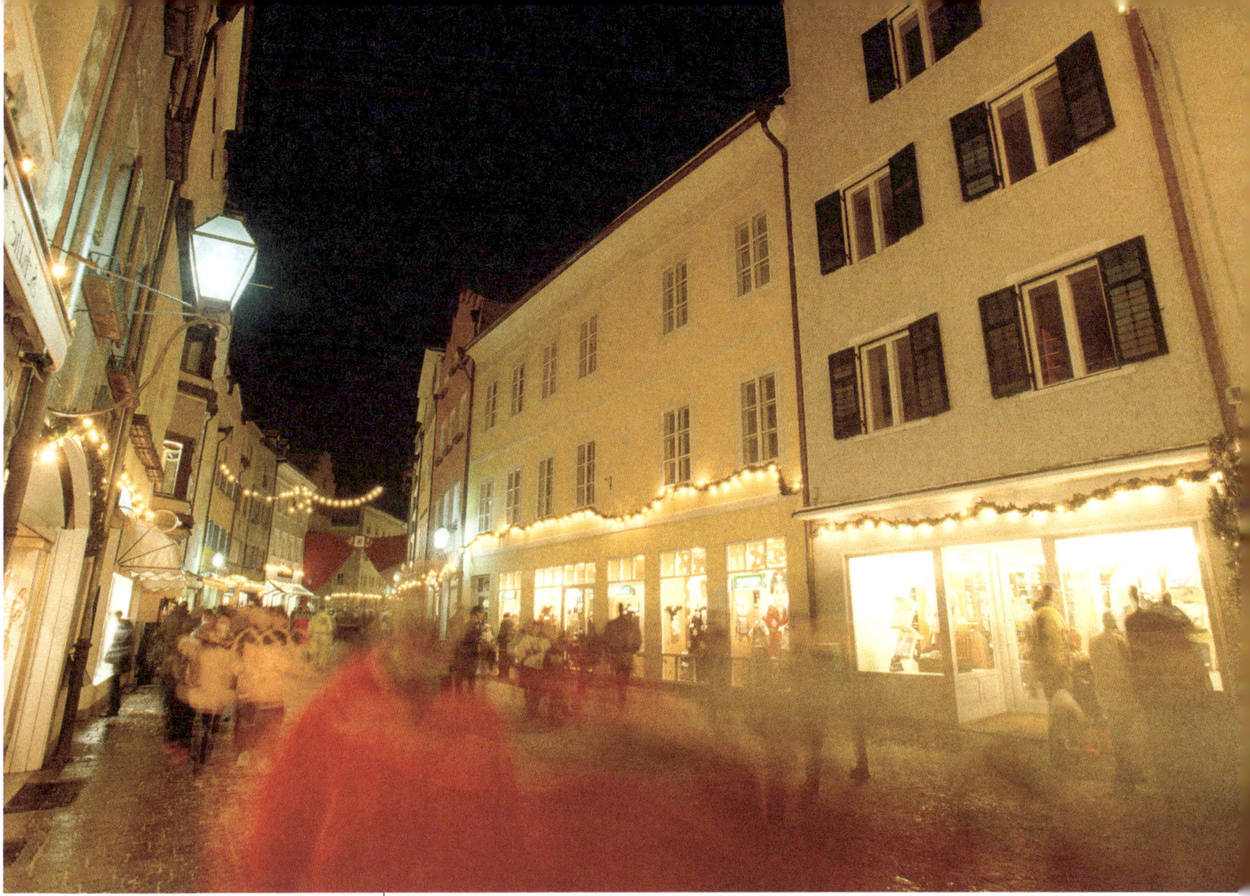

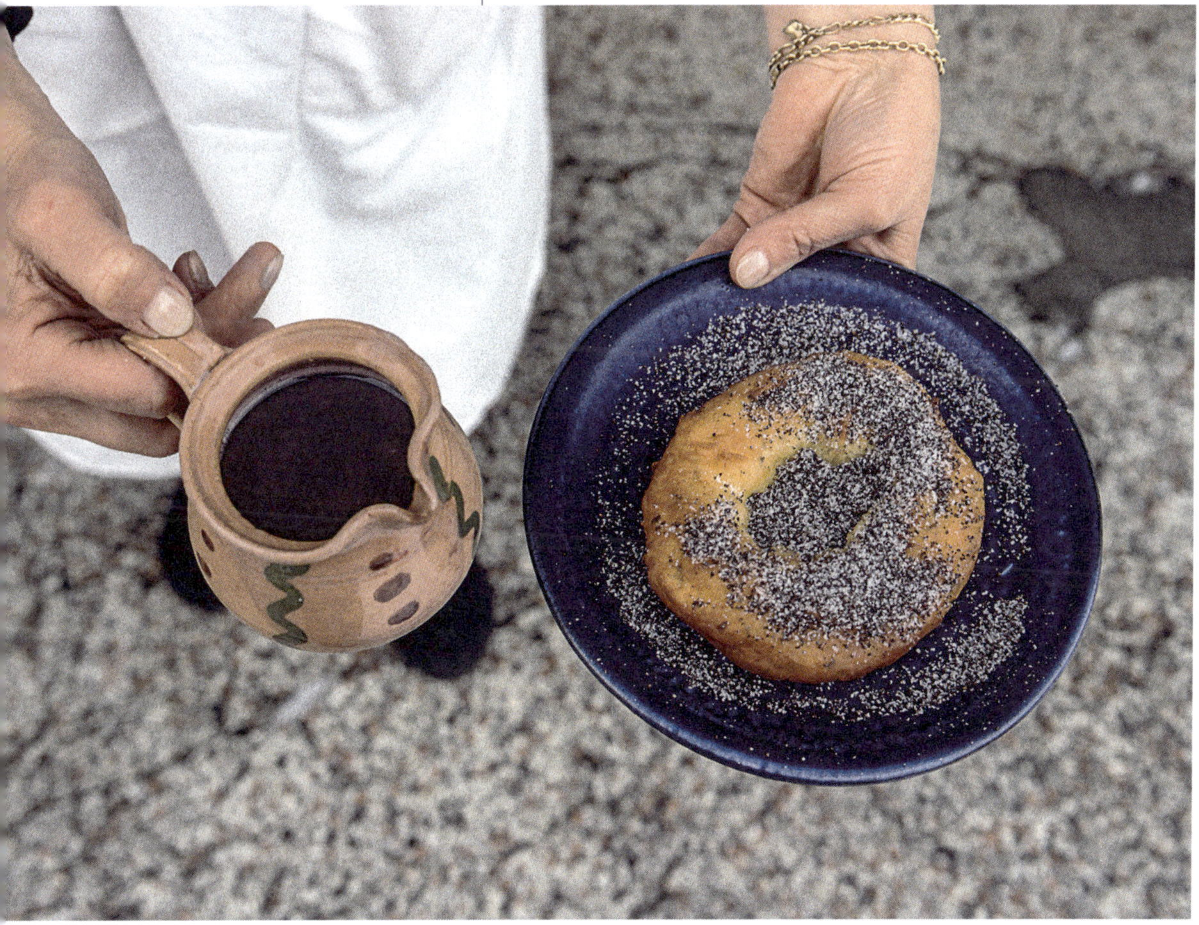

OMAS ORANGENPUNSCH

von Liesl Taschler, Toblach, Südtirol

Wenn draußen der Schnee leise rieselt, dann ist es Zeit für
einen Orangenpunsch. Am besten schmeckt er natürlich selbst
gemacht von Oma.

Zubereitung: 30 Minuten
Schwierigkeitsgrad: leicht

500 ml Orangensaft
300 ml trockener Weißwein
150 ml Rum
½ Stange Zimt
2 Gewürznelken
4 EL Kandiszucker

Alle Zutaten in einem Topf erhitzen, aber nicht kochen!
Dabei beständig umrühren, bis sich der Kandiszucker auflöst,
und anschließend etwas ziehen lassen. Heiß servieren.

TROCKENOBST

Fruchtzucker, Nährstoffe, Vitamine und Aromen bleiben durch eine schonende Trocknung der Früchte in idealer Form erhalten. Das wussten schon unsere Vorfahren – und haben aus den verschiedenen heimischen Obstsorten wertvolle Nahrungsmittel für den Winter zubereitet, ganz ohne chemische Zusätze.

Zubereitung: 20 Minuten | Backzeit: 4–6 Stunden
Schwierigkeitsgrad: leicht

Obst nach Belieben (z. B. Äpfel, Birnen, Pflaumen))
Salz oder Zitronensaft zum Bestreichen

1 Das Obst waschen, trocknen, halbieren und Kerngehäuse oder Steine entfernen. Dann in dünne, gleich dicke Scheiben schneiden. Auf den Backrost ein Backpapier legen und die Obstscheiben darauf platzieren, eng nebeneinander, aber nicht überlappen lassen.

2 Um eine dunkle Verfärbung der Obstscheiben zu verhindern, diese vor dem Trocknen mit Zitronen- oder Salzwasser einstreichen.

3 Das Obst im Ofen 4–6 Stunden trocknen und zwar bei 50–70 °C Umluft für eine schonende und gleichmäßige Trocknung. Während der gesamten Backzeit die Ofentür etwas offen stehen lassen, damit die Feuchtigkeit aus den Früchten verdunsten kann.

BRATÄPFEL

Bratäpfel gehören zur Weihnachtszeit einfach dazu. Schnell gemacht, dafür aber unglaublich lecker sind sie eine beliebte Süßspeise bei Groß und Klein.

Für 4 Personen | Zubereitung: 10 Minuten | Bratzeit: 20–25 Minuten
Schwierigkeitsgrad: leicht

4 Äpfel
4 EL Preiselbeerkonfitüre
1 EL Sultaninen
1 EL Honig
1 EL Butter
1 TL Zimtpulver

1 Die Äpfel waschen, abtrocknen und das Kerngehäuse ausstechen. Eine Auflaufform einfetten, die Äpfel hineingeben, die Hohlräume mit der Konfitüre und den Sultaninen füllen, den Honig darauf verteilen, die Butter in Flöckchen über die Äpfel geben und alles mit Zimt bestreuen.

2 Den Ofen auf 200 °C Ober- und Unterhitze vorheizen und die Äpfel 20–25 Minuten braten.

HEILIGABEND
Stille Nacht, heilige Nacht ...

»Und es kommt der Heilige Abend, der einzige Tag im Jahr, den man rein vergeudet und der erst mit dem Dunkelwerden beginnt. Auf der ganzen Welt gibt es sicher keinen Christenmenschen, der diese Stunde nicht feiert. Mag er auch selbst ganz arm und einsam sein, er wird doch an irgendeine selige Zeit seines Lebens zurückdenken. (…) Aus allen Fenstern fällt warmer Kerzenschein. Alles ist so überaus prachtvoll und festlich. Der Lichterbaum, die Kerzen und das Backwerk und das glitzernde Engelhaar über und über und ganz oben der gläserne Stern, der sich in der warmen Luft langsam dreht.«

(Karl Heinrich Waggerl, 1897–1973, Das Jahr des Herrn)

Heiligabend, der 24. Dezember, der Abend vor dem Weihnachtsfest, ist der Übergangstag zwischen der Adventszeit und den weihnachtlichen Feiertagen. Der Tag selbst ist eigentlich noch kein Feiertag, wird aber nicht nur von den Kindern heiß erwartet. Die Vorfreude auf die Geburt von Jesus Christus spielt heute vielerorts wohl nur noch eine Nebenrolle. Im Mittelpunkt stehen meist die Familienfeiern und vor allem die Geschenke, die das Christkind bringt und mit seinen Engeln heimlich unter die Christbäume legt.

O TANNENBAUM ...

Der Zauber, der dem Christbaum oder Weihnachtsbaum innewohnt, erfasst die Herzen von Kindern und Erwachsenen jedes Jahr gleichermaßen. Der Weihnachtsbaum als geschmückter Nadelbaum bildet in den meisten Familien einen unverzichtbaren Mittelpunkt in der Weihnachtszeit.

Einst holte der Vater am Vormittag von Heiligabend eine kleine Fichte oder Tanne aus dem Wald. Dann wurde das Bäumchen in der warmen Stube aufgestellt und mit Äpfeln, Keksen und Kerzen geschmückt – bevor das Wohnzimmer fest verschlossen wurde, um dem Christkind und den Engeln bei ihrer Vorbereitung zur Bescherung nicht in die Quere zu kommen. Bereits im Mittelalter war es üblich, zu Festlichkeiten Bäume zu schmücken. Der erste Weihnachtsbaum wurde der Legende nach im Jahr 1419 von der Freiburger Bäckerschaft aufgestellt und mit Nüssen und Früchten festlich dekoriert. Die Kinder durften allerdings erst an Neujahr davon naschen, als der Christbaum abgeschüttelt wurde. Gegen Ende des 16. Jahrhunderts wurden im Elsass die ersten Weihnachtsbäume in den Wohnzimmern aufgestellt und mit Süßigkeiten, Nüssen und Äpfeln geschmückt. 1730 kamen als Weihnachtsschmuck die ersten Kerzen dazu, 1830 mundgeblasene Christbaumkugeln und schließlich 1878 Lametta, das die glitzernden Eiszapfen symbolisieren sollte.

O Tannenbaum, o Tannenbaum,
wie treu sind deine Blätter:
Du grünst nicht nur zur Sommerzeit,
nein, auch im Winter, wenn es schneit.

O Tannenbaum, o Tannenbaum,
du kannst mir sehr gefallen!
Wie oft hat nicht zur Weihnachtszeit
ein Baum von dir mich hoch erfreut!

(Ernst Anschütz, 1824)

*Ihr Kinderlein kommet, o kommet doch all! Zur Krippe her kommet in
Bethlehems Stall und seht, was in dieser hochheiligen Nacht der Vater im
Himmel für Freude uns macht.*

(Christoph von Schmid, 1811)

ZUR KRIPPE HER KOMMET …

Weihnachtskrippen verkünden die christliche
Heilsbotschaft von der Menschwerdung Jesu.
Eine Krippe mit der Darstellung der Geburt
Jesu Christi gehört zu einem traditionellen
Weihnachtsfest genauso dazu wie der Christ-
baum. Doch die Krippen bildeten schon lange
vor dem Weihnachtsbaum den eigentlichen
Mittelpunkt des Festes. Am Heiligabend wurde
einst in den Stuben die Krippe »aufgerichtet«:

aus Wurzeln, Moos und Stroh gebastelt und
mit selbst geschnitzten Figuren bestückt. Das
Schnitzhandwerk geht in den Alpentälern auf
eine jahrhundertealte Tradition zurück. In den
Wintermonaten wurden überall auf den Bauernhöfen Masken und religiöse Motive, vor allem
Krippenfiguren, gefertigt.

Am Dreikönigstag kamen zur Heiligen Familie
und den Hirten noch die Drei Weisen aus dem
Morgenland hinzu. Nachbarn und Verwandte

besuchten sich gegenseitig an den Sonn- und Feiertagen und bestaunten andächtig die Weihnachtskrippen der anderen. Traditionell blieben die Krippen bis zum 2. Februar stehen, dem Fest der Darstellung des Herrn, auch bekannt als Maria Lichtmess, und damit dem Ende der Weihnachtszeit.

Die erste Krippe geht übrigens auf den Heiligen Franziskus von Assisi zurück. 1223 hat dieser in Greccio in Umbrien anstelle einer Predigt das Weihnachtsgeschehen mit Menschen und lebenden Tieren nachgestellt.

WENN DAS GLÖCKLEIN LÄUTET

Die Weihnachtsfeier mit Bescherung ist in erster Linie ein Familienfest. Die ganze Familie, von den Großeltern bis zu den Enkeln, trifft sich zur gemeinsamen Feier rund um den Christbaum. Volkstümliche Bräuche verschmelzen an diesem Tag ganz besonders intensiv mit christlichen Traditionen und liebgewordenen Familienritualen.

Die Kinder freuen sich schon seit Wochen auf diesen Abend voller Geheimnisse, Licht und Liebe: die Bescherung am Heiligen Abend. Der Zeitpunkt der Zeremonie hat sich über Jahrhunderte verändert, die Vorfreude der Kinder nicht.

Wenn in den späten Abendstunden ein Engelchen das Glöcklein läutet, gibt es kein Halten mehr. Das Wohnzimmer ist von einem strahlenden Kerzenmeer hell erleuchtet. Unter dem festlich geschmückten Weihnachtsbaum liegen die bunt verpackten Geschenke für alle Familienmitglieder. Weihnachtslieder werden angestimmt, die Weihnachtsgeschichte vorgelesen … bis die Spannung nicht mehr auszuhalten ist und sich die Kleinsten ans Geschenkeverteilen und Auspacken machen dürfen.

DER NÄCHTLICHE GANG ZUR CHRISTMETTE

In vielen Familien ist der Besuch der Christvesper am späten Nachmittag oder der Christmette in der Weihnachtsnacht zu einem liebgewordenen Ritual geworden, das zur Weihnachtszeit einfach dazugehört, selbst bei Menschen, die sonst selten einen Gottesdienst besuchen.

Vergebung, Nächstenliebe und Vorfreude auf die Geburt Jesu Christi bilden das zentrale Thema der Weihnachtsbotschaft von Christvesper und Christmette. Die christliche Gemeinschaft versammelt sich am Höhepunkt und Abschluss der Adventszeit, um die bevorstehende Geburt von Jesus Christus zu feiern.

Ursprünglich war die Christmette der erste von drei Gottesdiensten an Weihnachten. Der Name »Mette« ist die eingedeutschte Fassung von »Matutin«, dem Nachtgebet in der christlichen Liturgie.

Spätestens wenn zum Schluss der Christmette in der mit Kerzen erhellten Kirche das feierliche »Stille Nacht, heilige Nacht« erklingt, dann schlägt das wahre Herz der Weihnacht …

»Um Mitternacht fangen die Glocken zu läuten an und läuten so lange, bis aus den fernsten Tälern der letzte Bewohner der Hütten zur Kirche kommt. (…)

In der Kirche begann die Orgel zu tönen, und das sah ganz anders aus als an den Sonntagen. Die Lichter, die auf dem Altar brannten, waren hellweiße, funkelnde Sterne (…)«

(Peter Rosegger, 1843–1918,
In der Christnacht)

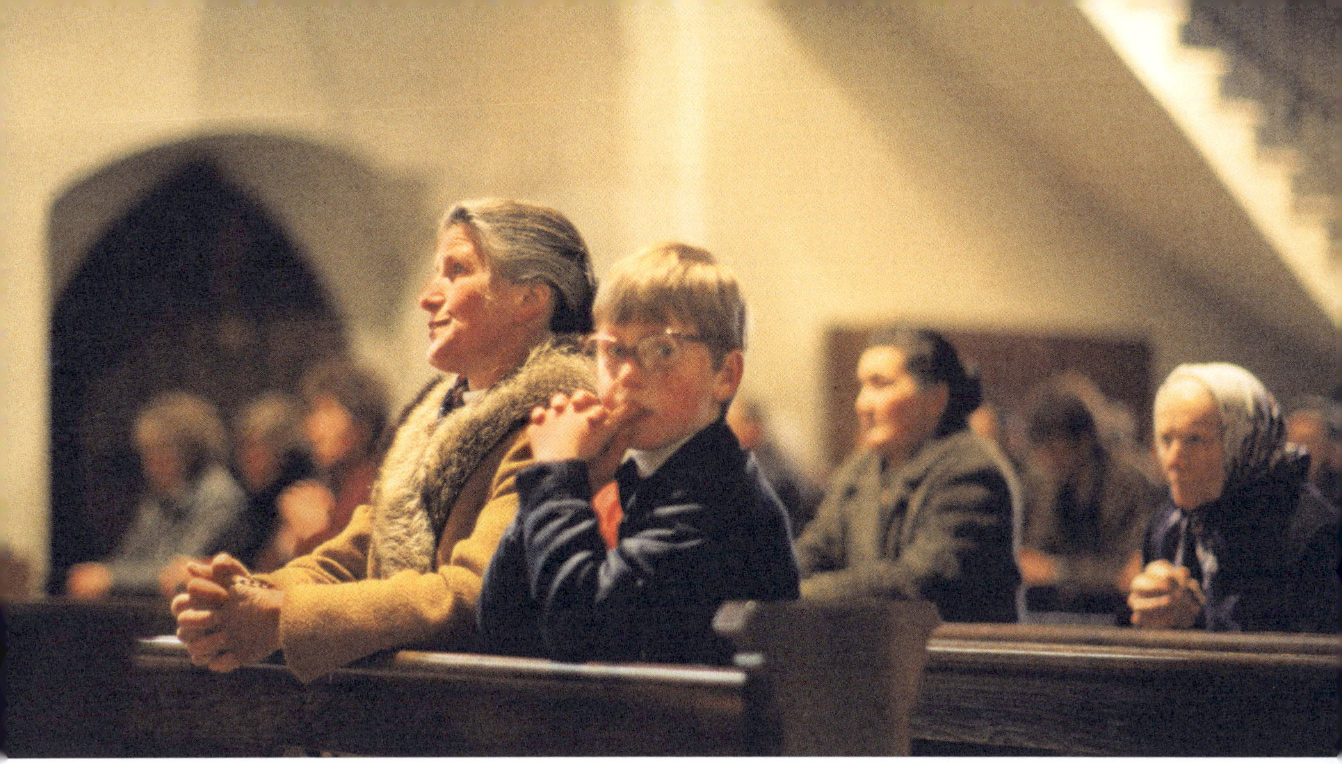

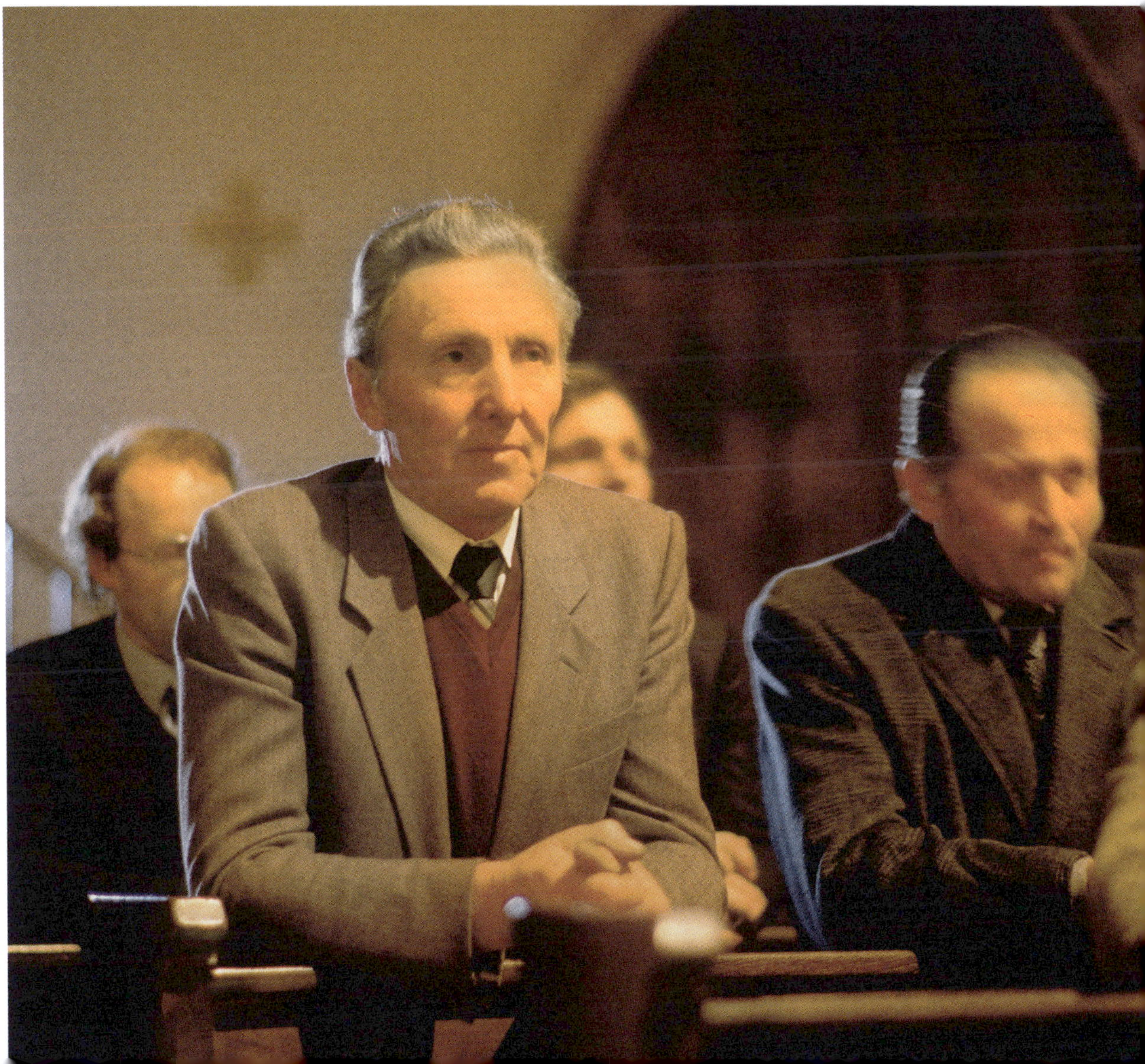

TORTELLINI IN BRODO
von Anita Fusari, Eppan, Südtirol

Die klassischen italienischen Tortellini werden vielerorts an Heiligabend als leckere Vorspeise in der Suppe serviert – mit frisch geriebenem Parmigiano und einem Schuss kaltgepressten Olivenöl.

Für 6 Personen | Zubereitung: 3 Stunden | Ruhezeit: 1 Stunde
Schwierigkeitsgrad: mittel

FÜR DIE FÜLLUNG
50 g Butter
100 g Schweinelende, in Scheiben
4–5 Salbeiblätter
1 Lorbeerblatt
1 Zweig Rosmarin
Salz
frisch gemahlener schwarzer Pfeffer
100 g Rohschinken (z. B. Parmaschinken)
100 g Mortadella
100 g geriebener Parmesan
1 Ei, Größe M
Muskatnuss

FÜR DEN TEIG
300 g Weizenmehl (Type 405)
3 Eier, Größe L
Salz
Hartweizengrieß

FÜR DIE SUPPE
Salz
1,5 l Rinderfond oder Fleischbrühe
Parmesan
Olivenöl extra vergine

1 Die Butter in einer Pfanne erhitzen und die Schweinelende mit den Salbeiblättern, dem Lorbeerblatt sowie dem Rosmarinzweig anbraten, leicht salzen und pfeffern. Die gebratenen Scheiben in einem Mixer gemeinsam mit dem Rohschinken und der Mortadella fein pürieren. Den Parmesan und das Ei dazugeben und etwas Muskatnuss darüberreiben. Alle Zutaten zu einer homogenen Masse verrühren.

2 Das Mehl auf die Arbeitsfläche geben, in die Mitte eine Mulde drücken. Eier und 1 Prise Salz in die Mulde geben und mit dem Mehl in 5 Minuten zu einem glatten Teig verkneten. Den Teig zu einer Kugel formen, mit etwas Hartweizengrieß bestreuen und in Frischhaltefolie wickeln. Dann für 1 Stunde ruhen lassen.

3 Den Teig in kleine Portionen aufteilen und auf der bemehlten Arbeitsfläche etwa 1–2 mm dünn ausrollen. Daraus 4 x 4 cm große Quadrate schneiden.

4 In die Mitte jedes Quadrats ½ TL der Füllung geben, die Teigquadrate zu Dreiecken zusammenklappen, die Ränder mit etwas Wasser befeuchten und andrücken. Nun die Dreiecke zu Tortellini formen. Dabei die Spitze nach unten zeigen lassen und die Ecken um einen Finger wickeln und zusammendrücken.

5 In der Zwischenzeit den Rinderfond oder die Fleischbrühe erhitzen und die Tortellini darin in 3–4 Minuten bissfest kochen. In der Suppe servieren, etwas Parmesan darüberreiben und mit 1 Schluck Olivenöl verfeinern.

SCHNALSER NUDELN

*von Küchenchefin Johanna Santer,
Oberraindlhof im Schnalstal, Südtirol*

Für die traditionellen Nudeln gibt es im Schnalstal vielfältige Zubereitungsmöglichkeiten: als Vorspeise mit Butter und Käse, als Beilage zum Lammragout oder als Dessert mit Preiselbeerkonfitüre. Im Gegensatz zu anderen Nudelsorten werden sie nicht in Wasser gekocht, sondern in reichlich zerlassener Butter in der Pfanne geschwenkt und gebraten.

*Für 5–6 Personen | Zubereitung: 30 Minuten | Bratzeit: ca. 10 Minuten
Schwierigkeitsgrad: mittel*

1 kg Roggenmehl (Type 997)
750 g Magerquark
1 EL Salz
500 g Butter

1 Mehl und Magerquark mit dem Salz und etwas Wasser zu einem festen Teig kneten. Dann den Teig durch einen Nudeldruck (die einzigartige Nudelpresse gibt es im Schnalstal auf jedem Bauernhof) pressen, alternativ durch eine herkömmliche Nudelmaschine. Darauf achten, dass die Nudeln nicht zusammenkleben.

2 Die Butter in einer Pfanne erhitzen, dabei nicht braun werden lassen, die Nudeln hineingeben, schwenken und anbraten. Dann direkt in der Pfanne servieren.

▶ *Schnalser Nudeln passen hervorragend zu einem schmackhaften Lammragout (für 2 Personen):*

1 Stück Lammhüfte (180 g) sehr klein würfeln, in etwas Öl anbraten. ½ klein gehackte Zwiebel dazugeben, mitanbraten, salzen und pfeffern. Mit 1 EL Mehl bestauben, mit etwa 95 ml Rotwein ablöschen und dann etwas Suppe aufgießen. Etwa 30 Minuten köcheln lassen. Zum Schluss mit frischem Thymianblättchen abschmecken.

BOLLITO MISTO

vom Gasthof Turmwirt in Gufidaun, Südtirol

Bollito misto oder Gemischtes Gekochtes ist ein Wintergericht, das in vielen Familien am Heiligen Abend auf den Tisch kommt. Je nach Rezept wird nur Rindfleisch verwendet oder auch Kalb, Huhn und Schaf, manchmal sogar Zunge oder Cotechino. Serviert wird ein Bollito misto mit Salzkartoffeln oder Kartoffelpüree sowie mit verschiedenen Saucen wie Salsa verde, Meerrettich-Sauce oder Mostarda.

Für 4 Personen | Zubereitung: 30 Minuten | Kochzeit: 2 Stunden
Schwierigkeitsgrad: leicht

400 g Rindfleisch (z. B. Schulter oder Nacken)
400 g Kalbfleisch (z. B. Nuss)
2 Hühnerschenkel (à 100–150 g)
Salz
1 Zwiebel mit Schale
100 g Karotten
100 g Staudensellerie
1 Fenchel
7 Pfefferkörner
3 Lorbeerblätter
1 kleine gepökelte Kalbszunge
200 g Cotechino (oder eine andere roh geräucherte Wurst)

1 Einen großen Topf mit Wasser zum Kochen bringen, Rind- und Kalbfleisch im Stück dazugeben, die Hühnerschenkel 30 Minuten Kochzeit später. Anschließend den Fleischtopf salzen.

2 Die Zwiebel halbieren und auf der Schnittfläche ohne Fett in einer Pfanne bräunen. Das Gemüse putzen, waschen und in grobe Stücke schneiden, mit der Zwiebel in den Topf geben. Die Pfefferkörner zerdrücken, zusammen mit den Lorbeerblättern hinzufügen und den Fleischtopf gar köcheln lassen.

3 Kalbszunge und Cotechino in einem anderen Topf knapp mit Wasser bedecken und bei niedriger Temperatur in etwa 90 Minuten weich kochen. Die Kalbszunge kalt abschrecken und die Haut abziehen. Fleisch, Zunge und Cotechino in Scheiben schneiden, die Hühnerschenkel im Ganzen dazulegen. Mit dem Suppengemüse sowie Kartoffeln und Saucen servieren.

GESURTES SCHWEINERNES MIT KRAUT
von Familie Bernhart in Kastelbell, Südtirol

Ein deftiges und gesundes Wintergericht, das in den kalten Wintertagen häufig auf den Tisch kommt, ist Gesurtes Schweinernes mit Kraut.

Für 4 Personen | Zubereitung: 20 Minuten | Kochzeit: 90 Minuten
Schwierigkeitsgrad: leicht

500 g Sauerkraut
3 Wacholderbeeren
5 Pfefferkörner
2 Knoblauchzehen
1 Lorbeerblatt
1 kg gepökeltes (gesurtes) Schweinefleisch in Stücken (z. B. Schulter, Bauch, Schopf, Haxe)
1 Zwiebel
2 EL Butter
Salz
4 Hauswürste (alternativ Salsiccia oder Bratwurst)

1   Das Sauerkraut etwas lockern, zusammen mit den Wacholderbeeren, den Pfefferkörnern, den Knoblauchzehen und dem Lorbeerblatt in einen großen Topf geben, Wasser dazuschütten und aufkochen lassen. Nun das Schweinefleisch dazugeben und alles etwa 90 Minuten köcheln lassen.

2   Etwa 10 Minuten vor dem Ende der Garzeit die Zwiebel abziehen und klein würfeln. In einer Pfanne die Butter zerlassen und die Zwiebelwürfel goldbraun anschwitzen. Das Gesurte aus dem Topf nehmen, das Sauerkraut mit den Zwiebelwürfeln und 1 Prise Salz verfeinern.

3   Währenddessen in einem zweiten Topf Wasser aufkochen, dann die Temperatur reduzieren. Die Hauswürste ins Wasser legen und 20 Minuten bei niedriger Temperatur ziehen lassen.

4   Das gesurte Schweinerne zusammen mit dem Sauerkraut und den Hauswürste auf einem großen Teller anrichten und servieren.

WEIHNACHTSGANS

Ein Gänsebraten ist als Weihnachtsessen auch in den Alpen der Klassiker schlechthin. Eine Bauernfamilie hat uns ihr einfaches, aber sehr schmackhaftes Familienrezept verraten.

Für 6–8 Personen | Zubereitung: 30 Minuten | Bratzeit: 3 Stunden
Schwierigkeitsgrad: mittel

2 Karotten
2 mittelgroße Kartoffeln
4 Schalotten
1 Gans, küchenfertig (4 kg)
Salz
frisch gemahlener schwarzer
Pfeffer
edelsüßes Paprikapulver
2 Zweige Rosmarin

1   Die Karotten putzen, waschen und in Scheiben schneiden. Die Kartoffeln schälen und vierteln. Die Schalotten abziehen und halbieren.

2   Die Gans sowohl innen als auch außen gründlich waschen. Dann trocken tupfen und mit Salz, Pfeffer und Paprikapulver einreiben, auch jeweils innen und außen. Anschließend die Gans in einen Bräter geben und diesen etwa 2 cm hoch mit Wasser füllen. Das Gemüse rund um die Gans verteilen, die Rosmarinzweige ebenfalls in den Bräter legen.

3   Den Ofen auf 200 °C Umluft vorheizen. Nun die Gans im geschlossenen Bräter 3 Stunden braten und sie dabei alle 30 Minuten mit der Flüssigkeit aus dem Bräter übergießen. Nach 90 Minuten die Weihnachtsgans auf den Rücken drehen. Etwa 20 Minuten vor dem Ende der Bratzeit die Gans noch einmal übergießen und salzen, um eine möglichst knusprige Haut zu erhalten, dann ohne Deckel weiterbraten.

4   Die Gans tranchieren und heiß servieren.

SALZBURGER BAUERNKRAPFEN

von Lisi Matiescheck, Mayerlehenhütte in Hintersee, Salzburger Land

Einfache Gerichte schmecken oft am besten – so wie die Bauernkrapfen, die zu den einfachsten und gleichzeitig beliebtesten Gerichten der alpenländischen Bauernküche gehören.

Für 30–35 Stück | Zubereitung: 30–40 Minuten | Ruhezeit: 1 Stunde | Backzeit: 10 Minuten Schwierigkeitsgrad: leicht

250 ml Milch
500 g Weizenmehl (Type 550)
1 Pck. Trockenhefe (7 g)
2 TL Zucker
Salz
2 Eier, Größe M
1 EL neutrales Pflanzenöl + mehr
zum Backen
Preiselbeerkonfitüre
Puderzucker

1 Milch erwärmen, aber nicht aufkochen. Mehl, Hefe, Zucker und Salz in einer Schüssel vermischen, danach Eier, 1 EL Öl sowie lauwarme Milch untermischen. Alle Zutaten zu einem glatten Teig schlagen, von der Konsistenz her ähnlich einem Spätzleteig.

2 Den Teig abgedeckt an einem warmen Ort 1 Stunde gehen lassen. Dann mit einem bemehlten Löffel kleine Portionen vom Teig abnehmen, glatt rollen und nochmals kurz gehen lassen.

3 Die Krapfen mit den Fingern zu einer Scheibe ausziehen und in der Mitte flach drücken. Das restliche Öl in einer hohen Pfanne oder in einem Topf erhitzen und die Krapfen auf beiden Seiten goldbraun backen. Danach auf Küchenpapier kurz abtropfen lassen und mit Preiselbeerkonfitüre und Puderzucker servieren.

OBERVINSCHGER SCHNEAMILCH
vom Oberraindlhof im Schnalstal, Südtirol

Die Schneamilch ist eine traditionsreiche Vinschger Festtagsnachspeise aus geschnittenem Brot, Weimerlan (das sind Rosinen) und gesüßtem Rahm, dem »Schnea«. Früher war das Gericht etwas für arme Leute, denn die notwendigen Zutaten gab es in jedem Bauernhaus. Doch auch heute noch sitzen viele Familien an den Feiertagen um den Tisch und löffeln diese süße Verführung gemeinsam aus einer Schüssel.

Für 4 Personen | Zubereitung: 20 Minuten | Ruhezeit: 1 Stunde | Schwierigkeitsgrad: leicht

170 g Weißbrot
50 g Rosinen
125 ml Milch
500 g süße Sahne
30 g Zucker
1 EL Rum
Schokoraspel

1 Das Weißbrot klein würfeln und in eine flache Schüssel geben. Die Rosinen waschen, über das Brot verteilen und mit etwas Milch anfeuchten. Die Sahne mit dem Zucker nicht zu steif schlagen, den Rum dazugeben und die Sahne-Rum-Mischung über dem Brot gleichmäßig verteilen. Die Schneamilch 1 Stunde zugedeckt im Kühlschrank ziehen lassen. Vor dem Servieren mit geraspelter Schokolade bestreuen.

Fröhliche Weihnacht überall!
Tönet durch die Lüfte froher Schall.
Weihnachtston, Weihnachtsbaum,
Weihnachtsduft in jedem Raum!

Fröhliche Weihnacht überall!
Tönet durch die Lüfte froher Schall.
Darum alle stimmet ein,
in den Jubelton,
denn es kommt das Licht der Welt
von des Vaters Thron.

(A. H. Hoffmann von Fallersleben, 1798–1874)

WEIHNACHTSFEIERTAGE
Fröhliche Weihnacht überall!

Wo ist sie geblieben, die »stillste Zeit im Jahr«? Ist da – bei Weihnachtseinkäufen, Weihnachtsfeiern und Vorbereitungen für das Fest – nicht oft das Gegenteil der Fall? Trotz allem: Die Sehnsucht nach besinnlichen Stunden ist in diesen Tagen besonders groß. Und wenn der Heiligabend vorüber ist, alle Besorgungen erledigt und alle Geschenke überreicht sind, dann ist sie endlich da: die ersehnte ruhige Zeit. Brennende Kerzen, wohlige Wärme in den eigenen Stuben, Tannen-zweige und Strohsterne, Weihnachtslieder und der Geruch von Lebkuchen – all das macht neben einer verschneiten Winterlandschaft den eigent-lichen Zauber der Weihnachtsfeiertage aus.

Dann wird im festlich geschmückten trauten Heim im Kreise von Familie und Freunden gefeiert und groß aufgetischt. Schließlich ist Weihnachten ja nur einmal im Jahr.

Süßer die Glocken nie klingen
als zu der Weihnachtszeit,
's ist, als ob Engelein singen
wieder von Frieden und Freud.
Wie sie gesungen in seliger Nacht,
Glocken mit heiligem Klang,
klinget die Erde entlang!

(Volksweise 1826)

WEIHNACHTSMENÜ

zubereitet von Küchenchef Stephan Schwarzer
vom Restaurant Paulser Hof in St. Pauls/Eppan, Südtirol

Wer in den Paulser Hof, St. Pauls, einkehrt, den erwartet nicht nur eine ausgezeichnete Küche, die stark auf Tradition und Regionalität setzt, sondern auch eine hervorragende Weinkarte. So wurde der Paulser Hof bereits mit dem »Südtirol – Preis für Weinkultur« ausgezeichnet und ebenso für die beste Südtiroler Vernatsch-Weinkarte.

Für die festlichen Weihnachtsfeiertage empfiehlt Küchenchef Stephan Schwarzer ein besonderes Acht-Gänge-Menü, während Hausherrin und Sommelière Elke Morandell für die Weinbegleitung sorgt.

KALBSKOPF SAUER

Die klassische Küche kennt zahlreiche Zubereitungsarten für den Kalbskopf, eine fast vergessene Delikatesse. Sauer serviert, gehört er zu den traditionellen Gerichten der Tiroler Küche. Küchenchef Stephan Schwarzer vom Paulser Hof interpretiert das Gericht neu und auf feine Art.

Für 4 Personen | Zubereitung: 15 Minuten
Schwierigkeitsgrad: leicht

250 ml Fleischbrühe
400 g gekochter, gepresster Kalbskopf
1 rote Zwiebel
Salz
frisch gemahlener schwarzer Pfeffer
Rotweinessig
Olivenöl extra vergine

1 Die Fleischbrühe auf dem Herd erhitzen, währenddessen den gekochten Kalbskopf in dünne Scheiben schneiden. In die warme Fleischbrühe geben und leicht erwärmen. Die Zwiebel abziehen und in feine Ringe schneiden. Die Kalbskopfscheiben auf Tellern anrichten, mit den Zwiebelringen dekorieren, salzen und pfeffern und mit etwas Essig und Olivenöl anmachen.

▶ *Weinempfehlung: ein frisch-fruchtiger, einladend süffiger Kalterersee aus Südtirol*

HAUSGEMACHTE FRITTATENSUPPE

Nichts wärmt an kalten Wintertagen so schön wie dieser Klassiker: Die Frittatensuppe ist ein Gericht aus einer Fleischbrühe von Rindfleisch mit fein geschnittenen Streifen von Eierkuchen als Einlage. Das Wort Frittaten stammt übrigens vom italienischen »frittata«, dem frittierten Omelett oder Eierkuchen.

Für 4 Personen | Zubereitung: 30 Minuten | Ruhezeit: 15 Minuten | Backzeit: 10 Minuten
Schwierigkeitsgrad: leicht

60 g Weizenmehl (Type 405)
100 ml Milch
Salz
2 Eier, Größe M
½ Bund Schnittlauch
neutrales Pflanzenöl zum Backen
1 l Rindfleischbrühe

1 Das Mehl mit der Milch und 1 Prise Salz mit einem Schneebesen glatt rühren. Die Eier unterrühren, bis der Teig sämig ist. Den Schnittlauch waschen, trocken schütteln und fein schneiden. Eine Handvoll Schnittlauch für die Dekoration beiseitelegen, den Rest ebenfalls unter den Teig rühren. Nun den Teig 15 Minuten gehen lassen.

2 Ein wenig Öl in einer Pfanne erhitzen, den Teig vorsichtig hineingießen, dabei die Pfanne schräg halten und dadurch den Pfannenboden gleichmäßig mit einer dünnen Teigschicht bedecken. Die Pfannkuchen auf beiden Seiten goldbraun backen. Diesen Vorgang so oft wie nötig wiederholen und den gesamte Teig verbrauchen. Die Pfannkuchen abkühlen lassen. Dann einrollen und in dünne Streifen schneiden.

3 Die Fleischbrühe erhitzen, die Frittaten erst im letzten Moment in die Suppe geben, da sie stark quellen. Die Frittatensuppe mit ein paar dekorativen Schnittlauchröllchen bestreuen und servieren.

▶ *Weinempfehlung: ein dezent-eleganter, trockener Südtiroler Weißburgunder*

BANDNUDELN MIT STEINPILZRAGOUT

Bandnudeln, das ist der Oberbegriff für Nudelsorten wie Tagliatelle, Pappardelle oder Fettuccine. Die Breite der Nudeln variiert dabei zwischen den einzelnen Sorten. Durch ihre angeraute Konsistenz nehmen Bandnudeln besonders gut Saucen auf. Das Steinpilzragout von Küchenchef Stephan Schwarzer vom Paulser Hof passt hervorragend zu unseren »weihnachtlichen« Bandnudeln.

Für 4 Personen | Zubereitung: 30–40 Minuten | Kochzeit: insgesamt 10 Minuten
Schwierigkeitsgrad: leicht

500 g Steinpilze
50 g Zwiebeln
1 Knoblauchzehe
50 g Butter
50 ml Gemüsebrühe
50 ml Rinderfond
Salz
frisch gemahlener schwarzer Pfeffer
süße Sahne nach Belieben
250 g Bandnudeln
3 EL fein gehackte Petersilie

1 Die Steinpilze putzen und vorsichtig mit Küchenpapier oder einem Pinsel säubern. Kleine Pilze in Scheiben, große in Stücke schneiden. Zwiebeln und Knoblauchzehe abziehen und fein würfeln. Die Butter in einer Pfanne erhitzen und die Zwiebelwürfel goldgelb anschwitzen. Den Knoblauch und die Pilze dazugeben, alles dünsten und die Flüssigkeit einkochen lassen.

2 Gemüsebrühe und Rinderfond angießen, salzen, pfeffern und nochmals aufkochen. Je nach Geschmack mit etwas süßer Sahne verfeinern.

3 Die Bandnudeln in 3–4 Minuten bissfest kochen und abseihen. Das Pilzragout unterheben, mit der gehackten Petersilie betreuen und heiß servieren.

▶ *Weinempfehlung: ein gut strukturierter, harmonisch-weicher Chardonnay aus Südtirol*

GEBRATENES ZANDERFILET

Ein Zander enthält mit nur 0,8 Prozent auf 100 Gramm sehr wenig Fett. Aber nicht nur deswegen ist dieser Süßwasserfisch auf dem Tisch so beliebt. Sein helles und fast grätenfreies Fleisch schmeckt ausgezeichnet. Küchenchef Stephan Schwarzer vom Paulser Hof serviert das Zanderfilet kross gebraten auf frischem Gemüse.

Für 4 Personen | Zubereitung: 30 Minuten | Bratzeit: 5 Minuten
Schwierigkeitsgrad: mittel

1 Zitrone
2 Knoblauchzehen
4 EL Olivenöl extra vergine zum Braten
4 frische Zanderfilets (à 100–120 g)
5 Butterflocken
Salz
frisch gemahlener schwarzer Pfeffer
Petersilie, frisch gezupft
Gemüse nach Belieben

1 Die Zitrone waschen, abtrocknen und in Scheiben schneiden. Die Knoblauchzehen abziehen und klein hacken.

2 Das Olivenöl in einer flachen, heißen Pfanne erhitzen. Die Filets auf der Hautseite 3 Minuten anbraten, dann umdrehen und in weiterer 2 Minuten fertig braten. Mit Butterflocken, Knoblauch sowie Salz und Pfeffer abschmecken.

3 Die Filets mit einer Zitronenscheibe und etwas frisch gezupfter Petersilie dekorieren und servieren. Dazu passen frisches Gemüse wie Brokkoli, Karotten, Erbsen oder Spinat.

▶ *Weinempfehlung: ein aromatisch zarter, saftig-mineralischer Sauvignon aus Südtirol*

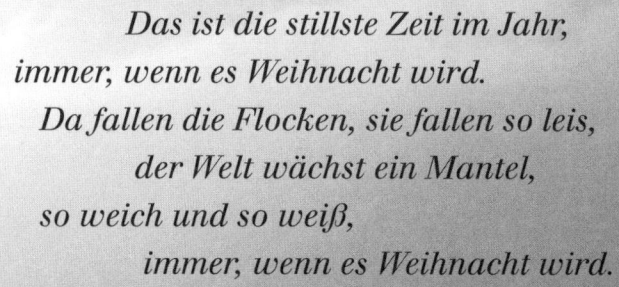

Das ist die stillste Zeit im Jahr,
immer, wenn es Weihnacht wird.
Da fallen die Flocken, sie fallen so leis,
der Welt wächst ein Mantel,
so weich und so weiß,
immer, wenn es Weihnacht wird.

Es dunkelt früh nach blassem Tag,
immer, wenn es Weihnacht wird.
Da treten wir gern in die Stube ein,
und rücken zusammen im lichten Schein,
immer, wenn es Weihnacht wird. (…)

(Norbert Wallner, 1945)

KALBSLEBER AUF VENEZIANISCHE ART

Kalbsleber auf venezianische Art, auch als »Fegato alla veneziana« bekannt, ist ein Küchenklassiker im Paulser Hof. Küchenchef Stephan Schwarzer bereitet das traditionelle und schmackhafte Lebergericht mit einer herzhaften Zwiebelsauce und fein gehackter Petersilie zu.

Für 4 Personen | Zubereitung: 30 Minuten | Bratzeit: 10 Minuten
Schwierigkeitsgrad: mittel

200 g Zwiebeln
3 EL Olivenöl extra vergine zum Braten
40 g Butter
500 g Kalbsleber, küchenfertig und klein geschnetzelt
50 ml Weißwein
100 ml Gemüsebrühe
100 ml Rinderfond
2 EL fein gehackte Petersilie
Salz
frisch gemahlener schwarzer Pfeffer
Beilagen nach Belieben (z. B. Röstkartoffeln oder Reis)

1 Zwiebeln abziehen und in Julienne schneiden. In einer flachen Pfanne Olivenöl und 10 g Butter erhitzen und die Zwiebelstreifen darin goldgelb anschwitzen. Die Kalbsleber dazugeben und kräftig anbraten, mit Weißwein ablöschen und Gemüsebrühe sowie Rinderfond angießen. Alles gut schwenken. Die Kalbsleber mit der restlichen Butter und der Petersilie verfeinern, ganz zum Schluss salzen und pfeffern. Aus der Pfanne nehmen und servieren. Als Beilage passen Röstkartoffeln oder weißer Reis.

▶ *Weinempfehlung: ein fruchtig-würziger, erfrischend trockener Südtiroler St. Magdalener*

GESCHMORTE RINDSWANGELEN

Lange Zeit in Vergessenheit geraten, wird das zarte Fleisch der Rindswangen in der Gastronomie heute wieder gerne verwendet. Das aromatische Fleisch, ein magerer Muskel, hat einen intensiven Geschmack und eignet sich für großartige Schmorgerichte. Mit einer kräftigen Südtiroler Lagrein-Sauce serviert Küchenchef Stephan Schwarzer vom Paulser Hof dieses schmackhafte Weihnachtsgericht.

Für 4 Personen | Zubereitung: 30–40 Minuten | Bratzeit: insgesamt 30 Minuten
Schmorzeit: 2 ½–3 Stunden | Schwierigkeitsgrad: mittel

200 g Zwiebeln
150 g Karotten
200 g Knollensellerie
40 g Butterschmalz
800 g Rinderbacken, küchenfertig und pariert
Salz
frisch gemahlener schwarzer Pfeffer
1 EL Tomatenmark
500 ml trockener Rotwein (z. B. Lagrein)
500 ml Rinderfond
1 Lorbeerblatt

1 Die Zwiebeln abziehen und grob würfeln, Karotten und Sellerie putzen, schälen und in etwa 5 mm große Stücke schneiden.

2 30 g Butterschmalz in einem Bräter erhitzen, die Rinderbacken darin bei mittlerer bis hoher Temperatur 2–3 Minuten von allen Seiten braun anbraten. Salzen, pfeffern und die Rinderbacken aus dem Bräter nehmen.

3 Das restliche Butterschmalz in den Bräter geben und die Zwiebelwürfel darin bei hoher Temperatur in 3–4 Minuten anschwitzen. Karotten und Sellerie zugeben und weitere 3–4 Minuten braten. Das Tomatenmark unterrühren und kurz mitbraten. Mit 350 ml Rotwein ablöschen und stark einkochen lassen. Den restlichen Rotwein aufgießen und alles erneut stark einkochen lassen. Mit dem Rinderfond auffüllen, Rinderbacken und Lorbeerblatt zugeben und kurz aufkochen lassen.

4 Den Ofen auf 180 °C Ober- und Unterhitze (Gas 2–3, Umluft 160 °C) vorheizen und die Rinderbacken auf der zweiten Schiene von unten 2 ½–3 Stunden schmoren. Das Fleisch dabei mehrmals wenden.

5 Dazu werden im Paulser Hof hausgemachte Spätzle serviert.

▶ *Weinempfehlung: ein kräftig samtiger, ansprechend würziger Lagrein aus Südtirol*

LEBKUCHEN-HALBGEFRORENES MIT KARAMELLISIERTER ORANGENSAUCE

Lebkuchen-Gebäck mit seinen unverwechselbaren Gewürznoten und Aromen gehört zu den festen Bestandteilen der Weihnachtsbäckerei. Küchenchef Stephan Schwarzer vom Paulser Hof serviert uns als krönenden Abschluss seines Weihnachtsmenüs ein Lebkuchenhalbgefrorenes mit karamellisierter Orangensauce.

Zubereitung: 60 Minuten | Gefrierzeit: über Nacht | Kochzeit: 10 Minuten
Schwierigkeitsgrad: mittel

FÜR DAS LEBKUCHENHALBGEFRORENE

3 Eigelb, Größe M
80 g Zucker
10 g Lebkuchen
50 g Lebkuchengewürz
250 g süße Sahne
1 Eiweiß, Größe M

FÜR DIE KARAMELLISIERTEN ORANGEN

5 Orangen
100 g Zucker
50 ml trockener Weißwein
1 EL Rum
1 Msp. Zimtpulver
5 Gewürznelken
1 EL Speisestärke
1 Handvoll Minzblätter

1 Das Eigelb mit dem Zucker cremig rühren. Den Lebkuchen klein würfeln und zusammen mit dem Lebkuchengewürz unterrühren. Sahne und Eiweiß getrennt steif schlagen und vorsichtig unterheben. Eine rechteckige Form mit Frischhaltefolie auslegen und die Masse einfüllen. Über Nacht im Eisfach gefrieren lassen.

2 Die Orangen schälen und filetieren. Die Filets auf ein Sieb legen und den Saft auffangen. Den Zucker in einem Topf karamellisieren, mit etwas Weißwein ablöschen und einkochen lassen. Den aufgefangenen Orangensaft, den Rum und die Gewürze hinzufügen und aufkochen lassen. In der Zwischenzeit die Speisestärke in etwas kaltem Wasser auflösen und den Orangensaft damit abbinden. Die Orangenfilets mit dazugeben und kühl stellen.

3 Das Lebkuchenhalbgefrorene in 1 cm dicke Scheiben schneiden, auf Tellern mit der Orangensauce anrichten und mit einigen Minzblättern servieren.

▶ *Weinempfehlung: ein lieblich verführerischer, aromatisch-würziger Südtiroler Rosenmuskateller*

SÜDTIROLER WEIHNACHTSSTOLLEN

Der Weihnachts- oder Christstollen ist in der alpenländischen Tradition eng mit dem Christkind verbunden. Mit ein wenig Fantasie erinnert der brotähnlich geformte und dick mit Puderzucker bedeckte Christstollen nämlich an das gewickelte Christuskind. Das süße Prachtstück der Weihnachtsbäckerei darf an den Weihnachtsfeiertagen auf keinem Küchentisch fehlen.

Zubereitung: 30–40 Minuten | Ruhezeit: 40–50 Stunden | Ziehzeit: 1 Stunde | Backzeit: 40–50 Minuten
Schwierigkeitsgrad: mittel

450 g Weizenmehl (Type 550)
100 ml Milch
15 g frische Hefe
50 g Zucker
100 g kandierte Früchte
150 g Sultaninen (alternativ Rosinen)
100 g gestiftelte Mandelkerne
20 ml Rum
10 ml Weißwein
½ unbehandelte Zitrone
225 g Butter
1 Ei, Größe M
1 TL Vanillezucker
Salz
50 g Puderzucker zum Glasieren und Bestreuen

1 Das Mehl in eine große Schüssel geben. Die Milch erwärmen, die Hefe zerbröckeln und zusammen mit ½ TL Zucker in der lauwarmen Milch auflösen, unter das Mehl mischen und alles zu einem lockeren Teig kneten. Diesen an einem warmen Ort zugedeckt 20 Minuten gehen lassen.

2 Die kandierten Früchte klein würfeln. Mit den Sultaninen und Mandelsplittern in eine Schüssel geben, mit Rum und Weißwein aufgießen und gut vermischen. 1 Stunde marinieren.

3 Die halbe Zitrone waschen, abtrocknen und die Schale abreiben. 175 g Butter zerlassen, mit dem restlichen Zucker und dem Ei verrühren, dann Zitronenschale, Vanillezucker und 1 Prise Salz hinzufügen. Die Buttermischung zum Hefeteig geben und langsam etwa 10 Minuten kneten. Den Teig wieder an einem warmen Ort zugedeckt 20–30 Minuten ruhen lassen, bis sich sein Volumen verdoppelt.

4 Den Ofen auf 180 °C Ober- und Unterhitze vorheizen. Den Teig nochmals kurz durchkneten, zu einem Stollenlaib formen und 40–50 Minuten backen.

5 Noch warm zweimal hintereinander mit flüssiger Butter bestreichen und mit Puderzucker bestreuen. Dann den Stollen abkühlen lassen und abschließend nochmals mit Puderzucker bestreuen.

▶ *Getränkempfehlung: Zum Christstollen passt ein Glas Glühwein, ein Orangenpunsch oder eine Tasse Kaffee*

ZWISCHEN DEN JAHREN

Zu einem kleinen Hüttlein führt die Spur von meinen Ski …

Die Hektik der Weihnachtsfeiertage und der großen Feiern ist vorüber. Nun gilt es, den Winter in den Alpen mit allen Sinnen zu genießen.

Die Zeit zwischen den Jahren lädt ein zu traumhaften Wanderungen durch die verschneite Winterlandschaft, zu Rodelausflügen mit der ganzen Familie, zum Langlaufen und Schlittschuhfahren, zum Skifahren und Skitouren-Gehen oder zur geselligen Fahrt mit dem Pferdeschlitten … und dann natürlich zur gemütlichen Einkehr in einer Alm- oder Skihütte sowie zum Bummeln durch die vielen Weihnachts- und Christkindlmärkte.

HÜTTENZAUBER IN DEN ALPEN

Knisterndes Feuer im Kamin, klirrende Kälte und die Skipiste vor der Tür und rundherum nichts als weiße Einsamkeit sowie ein funkelnder Sternenhimmel. Was gibt es Angenehmeres und Schöneres, als nach einer Skitour oder einem Waldspaziergang von der Kälte heimzukommen in die heimelige Wärme und hier die Bergwelt auf einfache und unverfälschte Art zu genießen? Der Duft von Zirbelholz und dampfendem Punsch erfüllt den Raum. Pressknödel und Schlutzkrapfen, Erdäpfelblattlan mit Kraut und Tirtlan werden aufgetischt. Mit einem guten Tropfen wird angestoßen und schon bald erklingen die ersten gemeinsamen Lieder. Gesellig, naturnah und rustikal: So einfach geht Hüttenzauber zwischen den Jahren.

WEIHNACHTS- UND CHRISTKINDLMÄRKTE

Weihnachts- und Christkindlmärkte gehen bis ins 14. Jahrhundert zurück. Handwerker und Spielzeugmacher durften ihre Waren in den Wochen vor Weihnachten auch auf den Marktplätzen der Städte anbieten. Dieses Vorrecht hatten ursprünglich die Anbieter von Lebensmitteln wie Brot, Fleisch und Gemüse sowie von Gebrauchsgegenständen wie Stoffen oder Küchengeräten. Das Warenangebot in der Vorweihnachtszeit wurde allmählich durch eine immer größer werdende Vielfalt an Süßigkeiten und Leckereien bereichert. Stände mit kandierten Mandeln und Nüssen, Bratwürsten und gebratenen Kastanien, Plätzchen und Lebkuchen wurden zum beliebten Mittelpunkt der Weihnachtsmärkte – in Verbindung mit warmen und so manchen hochgeistigen Tropfen selbstverständlich.

Als einer der bekanntesten Weihnachtsmärkte der Welt gilt der Nürnberger, als einer der ältesten der Salzburger Christkindlmarkt, dessen Ursprünge auf das 15. Jahrhundert zurückgehen. Doch unabhängig von Alter, Größe oder Bekanntheit: Stimmungsvoll geht es auf all den zahlreichen Weihnachts- und Christkindlmärkten im gesamten Alpenraum zu.

Von Anfang Dezember bis hin zu Dreikönig locken sie Tausende Besucher zu einem Glas Glühwein bei Kerzenschein und Weihnachtsliedern. Angeboten wird dabei fast alles, was das weihnachtlich gestimmte Herz begehrt: Weihnachtsschmuck und Krippenfiguren, Handgefertigtes aus Holz, Glas und Keramik, Süßigkeiten und all die typischen leckeren Produkte aus den Alpen.

Das Jahr vergeht, die Zeit verrinnt
Und leise über Nacht deckt's Heimatland
In Berg und Tal
Des Winters weiße Pracht.
Zu einem kleinen Hüttlein
Führt die Spur von meinen Ski,
Und abends tönt vom Berg ins Tal
Ganz leis die Melodie:
Drum auf und stoßt die Gläser an, (…)

(Karl Felderer, 1926)

ZILLERTALER GRAUKASSUPPE
von der Duxeralm im Zillertal, Tirol

Graukäse bereichert seit Jahrhunderten die bäuerliche Esskultur in den Alpen. Der Sauermilchkäse ist würzig, reich an Nährstoffen und sehr fettarm.

Für 4 Personen | Zubereitung: 10 Minuten | Kochzeit: 10–15 Minuten
Schwierigkeitsgrad: leicht

1 Zwiebel
40 g Butter
20 g Weizenmehl (Type 405)
500 ml Gemüse- oder
Rindersuppe
250 g Graukäse
Salz
frisch gemahlener schwarzer
Pfeffer
Kümmelsamen
250 g süße Sahne
geröstete Schwarzbrotwürfel

1 Die Zwiebel abziehen und fein würfeln. Die Butter in einem Topf zerlassen und die Zwiebelwürfel darin anschwitzen, mit dem Mehl bestauben und gut verrühren. Mit der Suppe aufgießen und aufkochen lassen.

2 In der Zwischenzeit den Graukäse raspeln oder zerbröseln. Zur Suppe geben und etwa 5 Minuten mitkochen und schmelzen lassen. Die Suppe pürieren, mit Salz, Pfeffer und etwas Kümmel abschmecken und die Sahne unterrühren.

3 Mit den gerösteten Schwarzbrotwürfeln bestreut heiß servieren.

PUSCHTERER PRESS-KNÖDEL MIT GRAUKÄSE
von der Prastmann Alm in Kasern, Südtirol

Pressknödel haben ihren Namen von ihrer einzigartigen Form: Sie sind nicht rund, sondern zusammengedrückt, eben gepresst. Die Variante der Käsknödel ist vor allem im Südtiroler Pustertal und in Osttirol verbreitet.

Für 4 Personen | Zubereitung: 30–40 Minuten | Ruhezeit: 20 Minuten + 10 Minuten
Kochzeit: 8–10 Minuten | Schwierigkeitsgrad: leicht

300 g Weißbrot
150 g Graukäse
Salz
frisch gemahlener schwarzer Pfeffer
30 g klein geschnittener Schnittlauch
½ Zwiebel
70 g Butter
Olivenöl extra vergine zum Braten
50 g Weizenmehl (Type 405)
2–3 Eier, Größe M
100 ml Milch
Parmesan

1 Das Weißbrot in kleine Würfel schneiden, ebenso den Graukäse klein würfeln. Die Brotwürfel in eine große Schüssel geben, salzen, pfeffern und mit dem geschnittenen Schnittlauch vermischen. Die halbe Zwiebel abziehen und klein würfeln. 20 g Butter und Olivenöl erhitzen, die Zwiebelwürfel anschwitzen. Zusammen mit den Graukäsewürfeln zum Weißbrot geben und 20 Minuten ziehen lassen.

2 Dann das Weizenmehl, die Eier und die Milch untermischen. Den Teig leicht durchkneten und nochmals 10 Minuten ruhen lassen.

3 Mit nassen Händen oder mit einem Löffel Knödel formen und diese flach drücken (pressen). In einer Pfanne Olivenöl erhitzen und die Knödel auf beiden Seiten goldbraun braten. Diese anschließend in kochendem Salzwasser 8–10 Minuten köcheln lassen.

4 Die restliche Butter erhitzen, den Parmesan reiben. Die Pressknödel auf Tellern anrichten, mit Parmesan und zerlassener Butter servieren.

SPECKKNÖDEL

von Familie Gerstgrasser, Marzoner Alm in Kastelbell, Südtirol

Knödel gibt es in zahlreichen Variationen, mit Suppe oder Salat und sogar als süßes Dessert. Das Tiroler Knödelgericht sind aber die Speckknödel: Sie werden nicht nur in urigen Almhütten, sondern auch in jedem Hotel und Restaurant serviert.

Für 4 Personen | Zubereitung: 30–40 Minuten | Ruhezeit: 20 Minuten | Kochzeit: 15–20 Minuten Schwierigkeitsgrad: leicht

100 g Speck
300 g Weißbrot
Salz
frisch gemahlener schwarzer Pfeffer
½ Zwiebel
20 g Butter
Olivenöl extra vergine zum Braten
150 ml Milch
2 Eier, Größe M
30 g fein geschnittener Schnittlauch
30 g Weizenmehl (Type 405)

1 Den Speck in kleine Würfel schneiden und beiseitestellen. Das Weißbrot klein würfeln, in eine große Schüssel geben, salzen und pfeffern. Die halbe Zwiebel abziehen und klein würfeln. Mit Butter und Olivenöl in einer Pfanne anschwitzen, die Milch dazuschütten und leicht erhitzen. Die Milch-Zwiebel-Mischung über das Brot gießen, Speckwürfel, Eier, Schnittlauchröllchen sowie Mehl dazugeben, alles gründlich kneten und die Masse 20 Minuten ziehen lassen.

2 Mit nassen Händen oder mit einem Löffel kleine, runde Knödel aus dem Teig formen und in kochendem Salzwasser etwa 15–20 Minuten köcheln lassen.

3 Zu den Speckknödeln passt ausgezeichnet ein grüner Salat oder ein Speck-Krautsalat.

SPECK –
die Tiroler Delikatesse

Die Speckherstellung hat in den Alpenregionen eine lange Tradition. Eine der frühesten Erwähnungen von Speck finden wir in einer Fleischhackerordnung von Trient aus dem Jahr 1307.

In der traditionellen alpenländischen Küche galt der Speck als das Nahrungsmittel der Bauern und als eine wichtige Protein- und Kraftquelle für die Arbeit auf Hof und Feld. Für die arme ländliche und bäuerliche Bevölkerung Tirols stellten

geräuchertes Fleisch und Speck oft die einzige Möglichkeit dar, auch in den Wintermonaten ab und zu ein Stückchen Fleisch und Fett auf den Tisch zu bekommen. Deshalb musste das Fleisch der zur Weihnachtszeit geschlachteten Schweine für das ganze Jahr haltbar gemacht werden.

In der Alpenregion wählte man dafür einen besonderen Weg: die Verbindung des im Mittelmeerraum weit verbreiteten Trocknens an der frischen Luft und des für die Länder im Norden Europas typischen Räucherns. Dabei wird das unverwechselbare Produkt immer nach der traditionellen Regel »wenig Salz, wenig Rauch und viel Luft« hergestellt.

Bis heute hat sich an der Prozedur wenig geändert: Das Schwein wird geschlachtet und zerlegt, die Fleisch- und Knochenteile werden herausgetrennt. Das für die Räucherung vorbereitete Fleisch wird gründlich eingebeizt, gepöckelt oder »gesurt«. Salz, Pfeffer und verschiedene Kräuter wie Wacholder, Neugewürz, Knoblauch und Lorbeer gehören zur Gewürzmischung beim Pöckeln. Jeder Bauer hat sein eigenes Rezept, das natürlich nicht verraten wird.

Der Speck wird dann in der Selchküche aufgehängt und geräuchert. Der Rauch der Wacholderzweige gibt dem Speck seinen würzig-feinen Geschmack und macht ihn haltbar. Einige Wochen bis zu einigen Monaten hängt der Speck in der Selchküche.

Die Reifephase beim Speck ist genauso wichtig wie das Selchen selbst. Zuerst reift der Speck am luftigen Dachboden, später dann im Speckkeller. Dabei bildet sich ein schützender grau-grünlicher Schimmelbelag. Acht bis zehn Monate braucht es, bis ein ordentlicher Speck seine volle Reife erlangt.

Aber wie wird der Speck richtig genossen? Viele bevorzugen den Speck hauchdünn mit der Aufschneidemaschine geschnitten, andere schwören auf die traditionelle Methode und schneiden den Speck mit der Hand: mit oder ohne Kruste, als Würfel, Scheiben oder dünne Streifen. Egal wie – der Speck, serviert mit Schüttelbrot und einem guten Glas Wein, ist und bleibt die beliebteste Tiroler Brotzeit oder wie die Tiroler sagen: Marende.

SPINATKNÖDEL

von Erica Pitscheider, Sotciastel Hof in Badia, Südtirol

Spinatknödel sind eine leckere, fluffige Variante aus der großen Knödelfamilie. Mit zerlassener Butter und frisch geriebenem Parmesan sind sie ein Gedicht.

Für 4 Personen | Zubereitung: 30–40 Minuten | Ruhezeit: 20 Minuten | Kochzeit: 15–20 Minuten
Schwierigkeitsgrad: leicht

300 g Weißbrot
Salz
frisch gemahlener schwarzer Pfeffer
150–200 g Blattspinat, gekocht
½ Zwiebel
1 Knoblauchzehe
70 g Butter
Olivenöl extra vergine zum Braten
1 Msp. geriebene Muskatnuss
2 Eier, Größe M
50 ml Milch
30 g Weizenmehl (Type 405)
30 g geriebener Käse (z. B. Bergkäse)
Parmesan

1 Das Weißbrot klein würfeln, in eine große Schüssel geben, salzen und pfeffern.

2 Den gekochten Blattspinat fein hacken. Die halbe Zwiebel und die Knoblauchzehe abziehen und klein würfeln. Mit 20 g Butter und Olivenöl in einer Pfanne anschwitzen, den Spinat dazugeben und mit Salz, Pfeffer sowie Muskatnuss abschmecken. Spinat und Eier in einen Mixer geben und pürieren. Zusammen mit Milch, Mehl und Käse zu den Brotwürfeln geben, ordentlich durchmischen und dann 20 Minuten ruhen lassen.

3 Mit nassen Händen oder mit einem Löffel kleine, runde Knödel aus dem Teig formen und in kochendem Salzwasser etwa 15–20 Minuten köcheln lassen.

4 Die restliche Butter erhitzen, den Parmesan reiben. Die Spinatknödel auf Tellern anrichten, mit Parmesan und zerlassener Butter servieren.

SÜDTIROLER SCHLUTZKRAPFEN

Gasthaus Schlosswirt Juval in Kastelbell, Südtirol

Schlutzkrapfen gehören auf jede Südtiroler Speisekarte. Sie werden aus einer Mischung von Roggen- und Weizenmehl hergestellt. Die Füllung besteht traditionell aus einer Spinat-Topfen-Mischung.

Für 4 Personen | Zubereitung: 30–40 Minuten | Ruhezeit: 10 Minuten
Kochzeit: 5 Minuten | Schwierigkeitsgrad: mittel

FÜR DEN TEIG

350 g Dinkelmehl (Type 630)
150 g Weizenmehl (Type 405)
3 Eier, Größe M
Salz
50 ml Milch

FÜR DIE FÜLLUNG

200 g Blattspinat, gekocht
½ Zwiebel
1 Knoblauchzehe
70 g Butter
150 g Magerquark
Salz
frisch gemahlener schwarzer Pfeffer
1 Msp. geriebene Muskatnuss
Parmesan oder Graukäse
1 EL fein geschnittener Schnittlauch

1 Beide Mehlsorten gut mit Eiern, 1 Prise Salz, Milch und 50 ml Wasser vermengen und zu einem glatten Teig verkneten. Diesen 10 Minuten ruhen lassen.

2 Den gekochten Spinat klein hacken. Die halbe Zwiebel und die Knoblauchzehe abziehen, klein würfeln und in einer Pfanne mit Butter goldbraun anschwitzen, Spinat und Quark unterrühren und mit Salz, Pfeffer sowie Muskatnuss abschmecken.

3 Den Teig auf einer bemehlten Arbeitsfläche dünn ausrollen und 5–7 cm große Kreise ausstechen. 1 TL Füllung auf jedes Blatt geben und dieses dann halbmondförmig zusammenfalten. Die Ränder fest andrücken. Die Schlutzkrapfen in kochendem Salzwasser etwa 5 Minuten köcheln lassen, dann mit einer Schaumkelle herausnehmen und abtropfen lassen.

4 Die restliche Butter erhitzen, den Parmesan oder Graukäse reiben. Die Schlutzkrapfen auf Tellern anrichten, mit dem Käse, den Schnittlauchröllchen und zerlassener Butter servieren.

ERDÄPFELBLATTLAN MIT SAUERKRAUT

von Willi Alber, Wirtshaus Vögele in Bozen, Südtirol

Erdäpflblattlan sind in heißem Fett gebackene Blätter aus Kartoffelteig, die mit Sauerkraut serviert werden, ein typisches Tiroler Gericht der Arme-Leute-Küche.

Für 4 Personen | Zubereitung: 50–60 Minuten | Kochzeit: 1–1 ½ Stunden
Schwierigkeitsgrad: mittel

FÜR DIE ERDÄPFELBLATTLAN

500 g mehligkochende Kartoffeln
2 EL Butter
2 Eier, Größe M
Salz
200 g Weizenmehl (Type 405)
1 TL Anis- oder Kümmelsamen
neutrales Pflanzenöl zum Backen

FÜR DAS SAUERKRAUT

100 g Zwiebeln
2 Knoblauchzehen
50 g Butter
500 g Sauerkraut
3 Wacholderbeeren
5 Pfefferkörner
1 TL Kümmelsamen
1 Lorbeerblatt
Salz

1 Die Kartoffeln schälen, kochen, passieren und auskühlen lassen. Butter zerlassen, zusammen mit Eiern und Salz dazugeben und alles zu einem homogenen Teig kneten. Anschließend Mehl und Anis oder Kümmel unter die Kartoffelmasse kneten, den Teig auf einer bemehlten Arbeitsfläche 1–2 mm dick ausrollen und mit einem Teigrädchen in kleine rechteckige Stücke, die Blattlan, schneiden. Die Blattlan in heißem Öl schwimmend goldgelb ausbacken. Auf Küchenpapier gut abtropfen lassen.

2 Zwiebeln und Knoblauchzehen abziehen, klein würfeln und in der Butter anschwitzen. Das Sauerkraut waschen und dazugeben, mit Wacholderbeeren, Pfefferkörnern, Kümmel sowie dem Lorbeerblatt würzen, salzen und 1–1 ½ Stunden kochen lassen.

3 Die Erdäpfelblattlan mit dem Sauerkraut auf einem Teller anrichten und heiß servieren.

TIRTLAN MIT TOPFENFÜLLUNG

von Erica Pitscheider, Sotciastel Hof in Badia, Südtirol

Die gebackenen Tirtlan – je nach Vorliebe und Verfügbarkeit mit Topfen-, Spinat- oder Sauerkrautfüllung – sind ein beliebtes Wintergericht.
Sie werden gern zu Suppen, zum Beispiel zur Gerstensuppe, gereicht.

*Für 10 Stück | Zubereitung: 50–60 Minuten | Ruhezeit: 30 Minuten | Backzeit: 10 Minuten
Schwierigkeitsgrad: mittel*

FÜR DEN TEIG

80 ml Milch
150 g Roggenmehl (Type 997)
150 g Weizenmehl (Type 405)
1 Ei, Größe M
Salz
neutrales Pflanzenöl

FÜR DIE FÜLLUNG

100 g mehligkochende Kartoffeln
250 g Magerquark
30 g Zwiebel
1 EL Butter
1 EL klein geschnittener Schnittlauch
Salz
frisch gemahlener schwarzer Pfeffer

1 Die Milch erwärmen. Die restlichen Zutaten zusammen mit 1 EL Öl und der lauwarmen Milch zu einem glatten, geschmeidigen Teig kneten. Zugedeckt etwa 30 Minuten ruhen lassen.

2 Für die Füllung die Kartoffeln schälen, kochen, passieren und auskühlen lassen. Den Quark in einem Tuch ausdrücken. Die Zwiebel abziehen, fein hacken, kurz in der Butter anschwitzen und ebenfalls abkühlen lassen. Nun Kartoffeln, Quark, Zwiebelwürfel sowie Schnittlauch vermengen und mit Salz und Pfeffer abschmecken.

3 Den Teig auf einer bemehlten Arbeitsfläche zu einer längeren Rolle formen, davon kleine Scheiben abschneiden und diese mit dem Nudelholz zu handtellergroßen Kreisen ausrollen. In die Mitte eines Teigblattes 1 EL der Füllung geben, etwas verteilen und dann ein zweites Teigblatt darauflegen. Die Ränder gut andrücken und mit dem Teigrädchen abradeln.

4 Reichlich Öl erhitzen. Die Tirtlan im Öl schwimmend auf beiden Seiten hellbraun backen, auf Küchenpapier abtropfen lassen und heiß servieren.

INNERVILLGRATTNER RIEBLER

von Familie Lusser, Almhütte Prantekammer in Innervillgraten, Osttirol

Den Schwarzplenten Riebler findet man heute kaum mehr auf den Speisekarten. Das einstige Arme-Leute-Gericht aus Buchweizenteig und Kartoffeln wird aber nach wie vor von seinen Liebhabern gern gekocht.

Für 4 Personen | Zubereitung: 10 Minuten | Bratzeit: 10 Minuten
Schwierigkeitsgrad: leicht

300 g mehligkochende Kartoffeln
150 g Buchweizenmehl
50 ml Milch
20 g Butter
50 g Lauch, fein geschnitten
Puderzucker
Preiselbeerkonfitüre

1 Die Kartoffeln schälen, kochen, passieren und auskühlen lassen. Mit Buchweizenmehl und Milch locker vermischen. Die Butter in einer Pfanne erhitzen, die Kartoffel-Mehl-Masse darin in etwa 10 Minuten knusprig braten und mit einem Kochlöffel zerkleinern. Lauch dazugeben und als Beilage zu Fleischspeisen servieren, alternativ süß mit Puderzucker und Preiselbeerkonfitüre anrichten.

VINSCHGER SCHÖPSENBRATEN

von Familie Gerstgrasser, Marzoner Alm in Kastelbell, Südtirol

Was den Schöpsenbraten, den traditionellen Tiroler Lamm-Bauernbraten, so besonders macht, ist das Rezept mit seinen einfachen Gewürzen, dem kräftigen Rotwein und seiner besonderen Zubereitung.

Für 4 Personen | Zubereitung: 30–40 Minuten | Schmorzeit: 1–1 ½ Stunden
Schwierigkeitsgrad: leicht

5 Knoblauchzehen
1 kg gemischtes Lammfleisch, küchenfertig und pariert
Salz
frisch gemahlener schwarzer Pfeffer
½ EL edelsüßes Paprikapulver
150 ml Olivenöl extra vergine
2 Zwiebeln
1 l kräftiger trockener Rotwein (z. B. Lagrein)
2 Zweige Rosmarin

1 Den Knoblauch abziehen. Das Lammfleisch in größere Stücke teilen, mit Salz, Pfeffer und Paprikapulver würzen, mit dem Knoblauch einreiben und in einer Pfanne in heißem Öl auf allen Seiten gut anbraten. Die Zwiebeln ebenfalls abziehen und klein würfeln, zum Fleisch geben.

2 Mit 500 ml Rotwein aufgießen und langsam schmoren lassen. In der Zwischenzeit die Rosmarinnadeln abstreifen, klein hacken und auch zum Fleisch geben. Den Braten etwa 1–1 ½ Stunden schmoren lassen, dabei immer wieder mit Rotwein aufgießen. Zum Schluss noch einmal abschmecken.

3 Vinschger Schöpsenbraten heiß servieren, am besten mit Speckknödeln und Krautsalat.

TIROLER STRAUBEN
von Erica Pitscheider, Sotciastel Hof in Badia, Südtirol

Die schneckenförmigen Köstlichkeiten zu backen, ist eine Kunst. Der aus Milch, Mehl und Eiern hergestellte Teig wird durch einen speziellen Straubentrichter mit gekonnten Bewegungen ins heiße Öl gegossen und goldgelb gebacken. Mit Puderzucker bestreut und Preiselbeerkonfitüre ein echter Genuss!

Für 4 Strauben | Zubereitung: 30–40 Minuten | Backzeit: 10 Minuten
Schwierigkeitsgrad: mittel

30 g Butter
250 g Weizenmehl (Type 405)
250 ml Milch
2 cl Schnaps
3 Eier, Größe M
Salz
neutrales Pflanzenöl zum Backen
Puderzucker
Preiselbeerkonfitüre

4 Butter zerlassen. Zusammen mit Mehl, Milch, Schnaps, Eiern und 1 Prise Salz zu einem dickflüssigen Teig rühren. Den Teig durch den Straubentrichter spiralförmig in heißes Öl fließen lassen und die Strauben in 10 Minuten auf beiden Seiten goldgelb backen. Auf Küchenpapier abtropfen lassen und mit etwas Puderzucker und Preiselbeerkonfitüre servieren.

SÜDTIROLER APFEL-STRUDEL MIT MÜRBTEIG

von Katharina Pircher, Hotel Paradies in Tiers, Südtirol

Je nach Gebiet und Tradition gibt es dreierlei verschiedene Arten, einen Südtiroler Apfelstrudel zuzubereiten: mit Ziehteig, einer arbeitsintensiven Art der Teigzubereitung, mit Blätterteig, der durch duftende Leichtigkeit überzeugt, oder mit Mürbteig, der klassischen Zubereitungsform.

Zubereitung: 1 Stunde | Ruhezeit: 1 Stunde | Backzeit: 35 Minuten
Schwierigkeitsgrad: mittel

FÜR DEN TEIG

200 g Butter
100 g Puderzucker
1 Msp. geriebene Zitronenschale
1 Pck. Vanillezucker (8 g)
1 Ei, Größe M
1 EL Milch
300 g Weizenmehl (Type 405)
1 TL Backpulver
Salz

FÜR DIE APFELFÜLLUNG

50 g Semmelbrösel
Butter
600 g Äpfel
½ unbehandelte Zitrone
50 g Zucker
40 g Sultaninen (oder Rosinen)
20 g Pinienkerne
2 EL Rum
1 Pck. Vanillezucker (8 g)
½ TL Zimtpulver
Butter zum Einfetten
1 Ei zum Bestreichen
Puderzucker zum Bestreuen

1 Die nicht zu kalte Butter mit dem Puderzucker, der Zitronenschale und dem Vanillezucker in einer Schüssel zu einer homogenen Masse verarbeiten. Das Ei und die Milch dazugeben, Mehl, Backpulver und Salz beimischen und alles zu einem Teig kneten. Den Teig in Frischhaltefolie einwickeln und etwa 1 Stunde im Kühlschrank ruhen lassen.

2 Für die Füllung die Semmelbrösel in Butter anrösten. Die Äpfel schälen, entkernen und in kleine Scheiben schneiden. Die Schale der halben Zitrone fein abreiben. Semmelbrösel, Apfelscheiben und Zitronenabrieb mit allen anderen Zutaten mischen.

3 Den Teig auf einer bemehlten Arbeitsfläche zu einem 40 × 20 cm großen Rechteck ausrollen und auf ein mit Butter bestrichenes Backblech legen. Die Apfelfüllung auf den Teig geben und diesen einschlagen. Das Ei verquirlen und den Strudel damit bepinseln. Den Ofen auf 180 °C Ober- und Unterhitze vorheizen und den Apfelstrudel 35 Minuten backen.

4 Mit Puderzucker bestreuen und warm servieren.

TIROLER KAISERSCHMARRN

von Franz Mulser, Gostner Schwaige auf der Seiser Alm, Südtirol

Der Kaiserschmarrn zählt unbestritten zu den beliebtesten Süßspeisen in Tirol. Süß, flaumig und legendär – nichts geht über den kulinarischen Dessertklassiker.

Für 4 Personen | Zubereitung: 30 Minuten | Backzeit: 5–6 Minuten
Schwierigkeitsgrad: mittel

150 g Weizenmehl
150 ml Milch
1 EL Zucker
Salz
6 Eier, Größe M
Sonnenblumenöl zum Backen
1 süßer Apfel
40 g Sultaninen (oder Rosinen)
1 EL Rum
1 EL Honig
2 EL Puderzucker
40 g Butter
1 Handvoll getrockneter Blüten
Konfitüre, Apfelmus oder
Kompott nach Belieben
(z. B. Apfel-, Quitten- oder
Birnenkompott)

1 Mehl, Milch und Zucker mit 1 Prise Salz zu einem glatten Teig verkneten. Die Eier vorsichtig unterheben (nicht schaumig schlagen, sonst wird der Kaiserschmarrn nicht locker). Sonnenblumenöl in einer Eisenpfanne erhitzen und den Kaiserschmarrnteig 0,5 cm hoch eingießen.

2 Den Apfel schälen, entkernen und in kleine Würfel schneiden. Die Apfelstückchen mit den Sultaninen in Rum und Honig kurz marinieren, dann auf dem noch flüssigen Teig verteilen und den Teig in der Pfanne backen lassen. Nach etwa 1–2 Minuten vorsichtig wenden und auf der anderen Seite backen. Den festen, aber nicht angebrannten Teig mit zwei Gabeln in Stücke reißen. Mit Puderzucker bestreuen, Butter dazugeben, kurz schwenken und karamellisieren lassen.

3 Mit getrockneten Blumen garnieren und mit Preiselbeerkonfitüre, Apfelmus oder einem Kompott servieren.

TIROLER MELCHERMUAS

Das Melchermuas ist ein klassisches bäuerliches Gericht. Noch heute wird das Tiroler Schmankerl in manchen Berghütten über offenem Feuer zubereitet und gemeinsam direkt aus der Eisenpfanne gegessen.

Für 4 Personen | Zubereitung: 10–20 Minuten | Kochzeit: 20–30 Minuten
Schwierigkeitsgrad: leicht

100 g Butter
250 g Weizenmehl (Type 405)
750 ml Milch
2 EL Zucker
1 Prise Salz
Zucker und Zimtpulver zum
Bestreuen

▶ *Variante 1 (von der Duxeralm im Zillertal, Tirol)*

1 Die Hälfte der Butter in einem Kochtopf schmelzen lassen, das Mehl einrühren, Milch, Zucker und Salz zugeben und umrühren. Der Teig soll so dick sein, dass der Löffel darin stecken bleibt. Eine Pfanne erhitzen, die restliche Butter zugeben, den Teig portionsweise dünn hineindrücken und knusprig braun braten.

2 Mit dem Löffel, dem »Muaser«, in kleine Stücke zerteilen.

▶ *Variante 2 (von Liesl Taschler in Toblach, Südtirol)*

1 Die Hälfte der Butter in einer Eisenpfanne schmelzen lassen, Milch dazugeben und mit dem Schneebesen Mehl, Zucker und Salz einrühren. Unter ständigem Rühren zum Kochen bringen. Bei mittlerer Temperatur ungefähr 20–30 Minuten köcheln lassen, nicht mehr rühren für eine schöne Kruste (der sogenannte Scharren, Schoor oder Raschpn) am Boden. Etwas abkühlen lassen. Die restliche Butter goldbraun erhitzen und über das Melchermuas gießen.

2 Mit Zimt und Zucker bestreut in der Pfanne servieren.

Das Raachn

»In der Dämmerung des Silvesterabends nahm die Bäuerin Glut aus dem Kachelofen, legte sie auf eine alte blecherne Kehrichtschaufel und Weihrauch, Myrrhe und Tannenzweigchen dazu. Dampf stieg auf und umqualmte ihren Kopf. In der Flur mengte sich der wohlduftende Rauch mit der kalten Luft. Die Bäuerin schritt langsam; von ihren Lippen tröpfelten die Gebete. (…) Mit dem Rauche war Weihnacht in der Stube. Der Bauer bekreuzigte sich und begann ein dumpfes Vaterunser (…)«

(Josef Friedrich Perkonig, 1890–1959)

SILVESTER
Einen guten Rutsch und prosit Neujahr!

Das Fest zum Jahreswechsel wurde bereits im Römischen Reich ausgelassen gefeiert – erstmals zu Beginn des Jahres 153 v. Chr., als der Jahresbeginn vom 1. März auf den 1. Januar vorverlegt wurde. Die Feuerfeste am Jahreswechsel zum Vertreiben der bösen Geister gehen auf die Germanen zurück. Der Name des letzten Tages im Jahr hat eindeutig christlichen Ursprung. Silvester I., verstorben am 31. Dezember 335, war der erste Papst der katholischen Kirche, der nicht das Martyrium erlitt. Doch egal ob römisch oder germanisch, kirchlich oder weltlich: Der letzte Tag im Jahr ist ein besonderer Tag, der mit vielen lieb gewonnenen Ritualen und Bräuchen überall ausgiebig gefeiert wird. In den sogenannten

Rauchnächten – zwischen dem 6. Dezember und dem 6. Januar gibt es zwölf davon – haben abergläubische Bräuche Hochkonjunktur. In diesen Nächten sind Naturgeister am Werk. Es gilt, sich durch verschiedene Riten vor ihnen zu schützen oder sich ihre Gunst zu sichern. Aus diesem Aberglauben hat sich der Brauch des Räucherns entwickelt, der zu den ältesten rituellen Praktiken der Menschheit zählt. Der Rauch schützt vor Unheil und bösen Geistern, er wirkt reinigend und keimtötend. In vielen Ortschaften der Alpen wird noch heute an drei Tagen geräuchert: am Heiligen Abend, am Silvesterabend und zu Dreikönig. Weihrauch wird mit Glut entzündet und in einer Pfanne vom Hausherrn durch Zimmer, Kam-

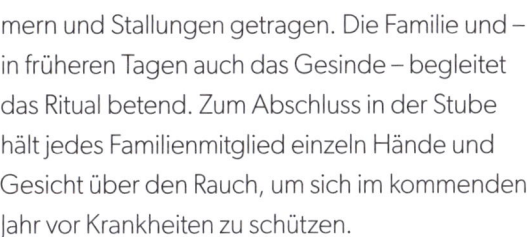

Tanzbein. Und dann wird Punkt Mitternacht das neue Jahr mit Feuerwerk, Böllern und Glockengeläut willkommen geheißen und mit einem »Guten Rutsch« begrüßt.

EIN PRICKELNDES PROSIT ZUM NEUEN JAHR!

Das Knallen der Sektkorken und das Anstoßen mit den schäumenden Perlen gehören zum Jahresausklang genauso dazu wie das Feuerwerk. Was liegt einer Silvesterfeier in den Alpen also näher, als mit einem klassischen Südtiroler Sekt auf das Ereignis anzustoßen? War Südtirol früher vor allem für seine Weine bekannt, ist der Sekt mittlerweile genauso zu einem genussvollen Botschafter dieser Alpenregion geworden. Laut Josef Reiterer, dem Präsidenten der Vereinigung der Südtiroler Sektproduzenten, garantieren das Klima und die Böden einen frischen, hochwertigen und charaktervollen Sekt. Die Produzenten der Vereinigung sind eine überschaubare Gruppe mit einer kleinen, aber feinen Produktion. Gemeinsam bringen sie jährlich rund 300.000 Flaschen Qualitätssekt nach dem klassischen Verfahren auf den Markt. Sie formen ein Mosaik, das trotz bescheidener Gesamtproduktion eine unnachahmliche Qualitätsdichte aufweist.

Sektpionier Sepp Reiterer selbst führt mit seiner Frau Marianne im entlegenen Mölten über Terlan auf knapp 1.200 Metern über dem Meer seit 1979 die höchstgelegene Sektkellerei Europas.

mern und Stallungen getragen. Die Familie und – in früheren Tagen auch das Gesinde – begleitet das Ritual betend. Zum Abschluss in der Stube hält jedes Familienmitglied einzeln Hände und Gesicht über den Rauch, um sich im kommenden Jahr vor Krankheiten zu schützen.

DEN JAHRESWECHSEL FEIERN

Der letzte Tag im Jahr war im Laufe der Geschichte – genauso wie heute – primär ein weltliches Fest. Die Kirche in Rom bekämpfte sogar lange Zeit die ausgelassenen Feierlichkeiten der Bürger, die zum Jahresende tanzten, aßen und tranken wie an kaum einem anderen Tag des Jahres. Zur Strafe führte sie am 1. Januar einen Buß- und Fastentag ein – ohne großen Erfolg. Zum Silvesterabend gehört in der Alpenregion eine nette Feier in angenehmer Gesellschaft – egal ob zu Hause in der gemütlichen Stube, in der festlich dekorierten Gaststube eines Restaurants oder auf einer urigen Almhütte. Bei Fondue, Raclette oder Linsen mit Cotechino lässt man es sich gut gehen, gönnt sich dazu einen edlen Tropfen Wein und später um Mitternacht ein Glas prickelnden Sekt. Die einen versuchen einen Blick in die Zukunft beim Bleigießen, die anderen schwingen das

BRANDENBERGER
Prügeltorte

Die Prügeltorte ähnelt einem unregelmäßigen Baumkuchen und stammt in ihrer traditionellen Form aus dem Mittelalter. Sie hat ihre Heimat im Tiroler Brandenberg. Über einer länglichen prügelförmigen – daher der Name – Walze wird sie über einem offenen Feuer gebacken. Gereicht wird sie zu allen besonderen (Familien-)Festen, zum Beispiel Hochzeiten, oder auch wenn berühmte Gäste die Gegend besuchen wie Queen Elizabeth.

Für uns hat Bäuerin Gretl Messner vom Lechnegg-Hof in Brandenberg Winkl die Nordtiroler Spezialität zubereitet. Das Besondere an dem Teig ist, dass jede Zutat genauso viel wiegt wie die Eier, weshalb man ihn auch »Eischwerteig« nennt. Um die charakteristische Form zu erhalten, ist viel Geduld und Fingerspitzengefühl nötig. Während die Walze permanent gedreht wird, wird Schicht für Schicht der Teig aufgetragen und gebacken. Es kann mehrere Stunden dauern, bis eine Prügeltorte die gewünschte Form und Länge erreicht. Dafür ist sie aber auch lange haltbar. Gegessen wird sie traditionell mit Schlagsahne und Preiselbeeren, also wirklich ein Festtagsschmaus.

SCHWEIZER KÄSEFONDUE

vom Restaurant Le Chalet de Gruyères in Gruyères, Kanton Freiburg

Ein Käsefondue ist ein Stück Schweizer Kultur und steht für Tradition und gemütliches Beisammensein. Gemeinsam am Tisch zu sitzen und im gleichen Caquelon zu rühren, hat etwas Verbindendes und Romantisches.

Für 4 Personen | Zubereitung: 20 Minuten | Kochzeit: 5 Minuten
Schwierigkeitsgrad: leicht

1 Knoblauchzehe
200 g Emmentaler
200 g Schweizer Almkäse
200 g Gruyère
2–3 TL Speisestärke
250 ml trockener Weißwein
1 TL Zitronensaft
2 cl Kirschwasser
frisch gemahlener schwarzer Pfeffer
Muskatnuss
2 Stangen Baguette

1 Eine Knoblauchzehe halbieren und damit das Caquelon (Fonduetopf) gründlich ausreiben. Die Käsesorten fein reiben und vermischen. Dann die Speisestärke in etwas kaltes Wasser ohne Klumpen einrühren. Den Weißwein in das Caquelon gießen und auf der Herdplatte erhitzen. Den geriebenen Käse und etwas Zitronensaft zugeben und unter ständigem, kräftigem Rühren erwärmen. Unter den schmelzenden Käse die aufgelöste Speisestärke rühren. Wenn die Käsemasse brodelt, ein Gläschen Kirschwasser dazugeben, pfeffern und Muskatnuss darüberreiben.

2 Das Caquelon auf das Rechaud stellen. Zum Eintunken das Weißbrot in Würfel schneiden. Alternativ Pellkartoffeln verwenden.

3 Das Fondue muss mit den Brotstücken immer gut durchgerührt werden und immer weiter brodeln. Der krönende Abschluss: Mit einer Holzspachtel wird die braune Kruste vom Boden des Caquelons gelöst und gerecht verteilt.

WALLISER TOMATEN-FONDUE

von Hervé Maret, Cabane Marcel Brunet in Bagnes, Wallis

Geriebener Schweizer Käse, frischer Knoblauch, trockener Weißwein, Maisstärke zum Binden und etwas Zitronensaft – das Grundrezept fürs Käsefondue kommt mit ganz wenigen Zutaten aus, ist einfach und lässt sich schnell zubereiten. Möchte man es noch aufpeppen, sind der Kreativität bezüglich Mischung und Zutaten kaum Grenzen gesetzt.

Für 4 Personen | Zubereitung: 20 Minuten | Kochzeit: 10 Minuten
Schwierigkeitsgrad: leicht

1 Knoblauchzehe
1 Zwiebel
3 Tomaten
500 g Walliser Raclettekäse
300 g Emmentaler
30 g Butter
250 ml trockener Weißwein
4 TL Speisestärke
2 cl Kirschwasser
frisch gemahlener schwarzer Pfeffer
Muskatnuss
getrockneter Majoran nach Belieben
getrockneter Oregano nach Belieben
2 Stangen Baguette

1 Knoblauch abziehen und halbieren, Zwiebel abziehen und klein würfeln. Bei den Tomaten den Strunk herausschneiden, auf der anderen Seite kreuzweise einritzen und mit kochendem Wasser übergießen. Nach etwa 30 Sekunden aus dem heißen Wasser nehmen und kalt abschrecken. Nun die Haut bei den Einritzungen beginnend abziehen. Tomaten halbieren, entkernen und klein würfeln. Die Käsesorten fein reiben und vermischen.

2 Die Butter im Caquelon schmelzen. Knoblauch, Zwiebel- und Tomatenwürfel kurz darin anschwitzen und mit dem Weißwein ablöschen. Den geriebenen Käse dazugeben und alles bei niedriger Temperatur unter kräftigem Rühren aufkochen. Die Speisestärke im Kirschwasser auflösen und unterrühren. Nochmals kurz aufkochen, pfeffern und Muskatnuss darüberreiben. Nach Belieben mit etwas Majoran oder Oregano abrunden.

3 Das Caquelon auf das Rechaud stellen. Zum Eintunken das Weißbrot in Würfel schneiden.

SCHWEIZER KÄSE-RACLETTE

Raclette ist eines der Nationalgerichte in der Schweiz. Früher erhitzte man einen halben Käselaib am offenen Feuer und schabte den geschmolzenen Käse aufs Brot. Heute verwendet man Käsescheiben und kleine Pfännchen und genießt das Raclette mit Pellkartoffeln, Silberzwiebeln und Cornichons.

Für 4 Personen | Zubereitung: 10 Minuten
Schwierigkeitsgrad: leicht

800 g Schweizer Raclettekäse, in Scheiben
Paprikapulver nach Belieben
frisch gemahlener schwarzer Pfeffer nach Belieben
800 g gekochte Kartoffeln
1 Glas Cornichons (370 ml)
1 Glas Silberzwiebeln (370 ml)

1 Für das Raclette die Käsescheiben in die Pfännchen geben, nach Wunsch mit Paprika oder Pfeffer würzen und schmelzen lassen. Dazu gekochte Kartoffeln, Cornichons und Silberzwiebeln servieren.

2 Je nach Geschmack können verschiedenen weitere Zutaten verwendet werden: Knoblauch, Mixed Pickles, frische Kräuter wie Basilikum, gegrilltes Gemüse, Birnen oder Trauben, Bündner Fleisch oder Rohschinken …

COTECHINO CON LENTICCHIE
von Herbert Taschler

Ein traditionelles Silvestergericht in vielen Teilen Italiens sind Linsen mit Cotechino, einer kräftig gewürzten Rohwurst. Anstelle von Cotechino wird oft auch Zampone, gefüllter Schweinefuß, verwendet. Die Linsen gelten als Glücksbringer und werden mit Geldsegen in Verbindung gebracht: »Je mehr Linsen man isst, desto mehr Geld hat man im neuen Jahr«

Für 4 Personen | Zubereitung: 20 Minuten | Ziehzeit: über Nacht
Kochzeit: insgesamt 3 Stunden | Schwierigkeitsgrad: leicht

500 g getrocknete Linsen
1 Zwiebel
2 Knoblauchzehen
2 Karotten
2 Staudensellerie
Olivenöl extra vergine zum Braten
1 Glas trockener Rotwein
250 ml Fleischbrühe
Salz
frisch gemahlener schwarzer Pfeffer
1 Handvoll Salbeiblätter
2 Cotechini (à 500 g)

1 Die getrockneten Linsen über Nacht in einer Schüssel mit Wasser einweichen. Am nächsten Tag abgießen.

2 Zwiebel und Knoblauchzehen abziehen und klein würfeln. Die Karotten putzen, schälen und ebenfalls klein würfeln. Selleriestangen putzen, waschen und in kleine Scheiben schneiden.

3 Die Zwiebelwürfel in einem Topf in etwas Olivenöl anschwitzen. Erst Knoblauch, Karotten und Sellerie dazugeben, dann die Linsen. Mit dem Glas Rotwein aufgießen. Anschließend 250 ml Fleischbrühe (oder Wasser) hinzufügen und die Linsen etwa 1 Stunde köcheln lassen. Bei Bedarf etwas Flüssigkeit nachgießen. Mit Salz, Pfeffer und Salbeiblättern abschmecken.

4 In der Zwischenzeit die Cotechino-Würste einige Male einstechen und anschließend in leicht kochendem Wasser 2 Stunden ziehen lassen.

5 Die Würste in Scheiben schneiden und auf den Linsen anrichten.

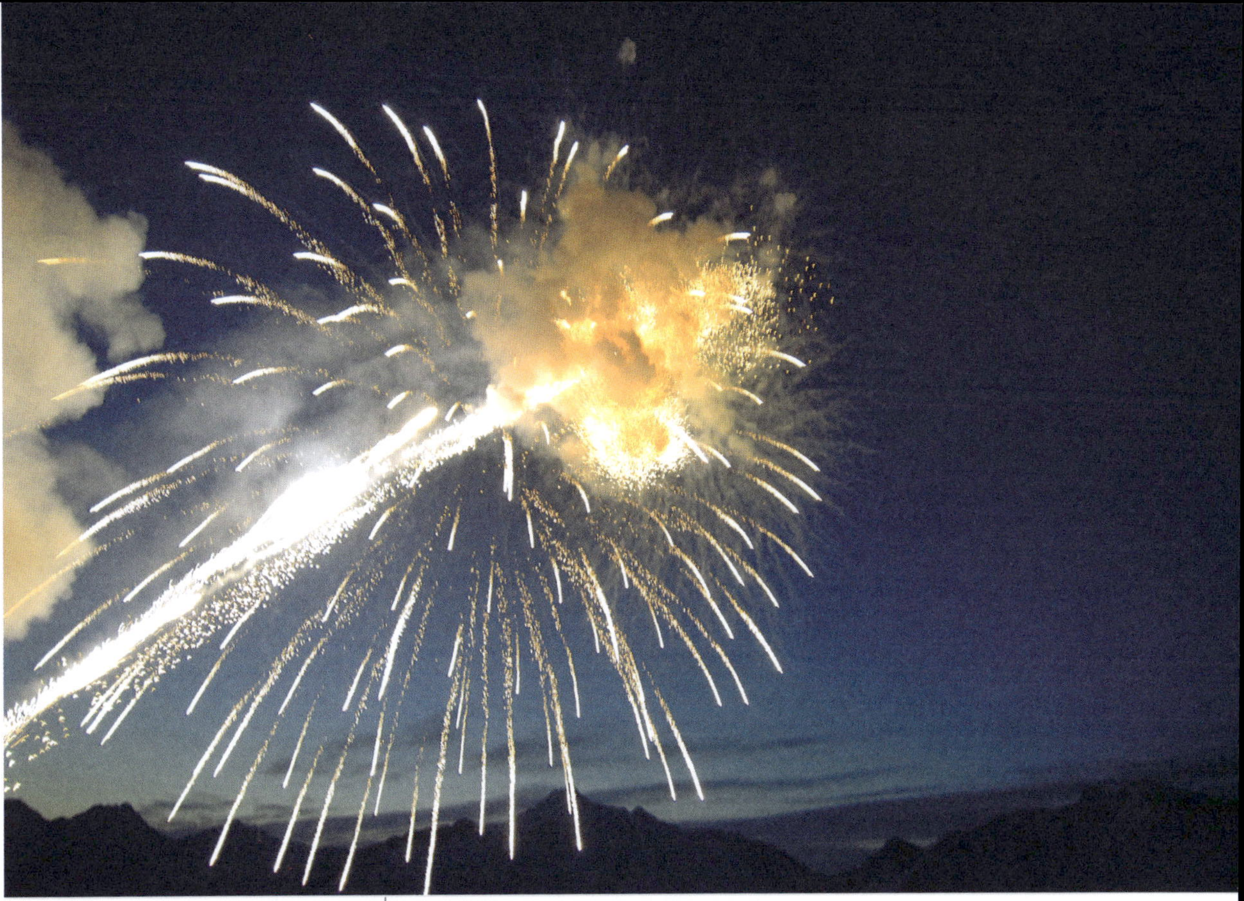
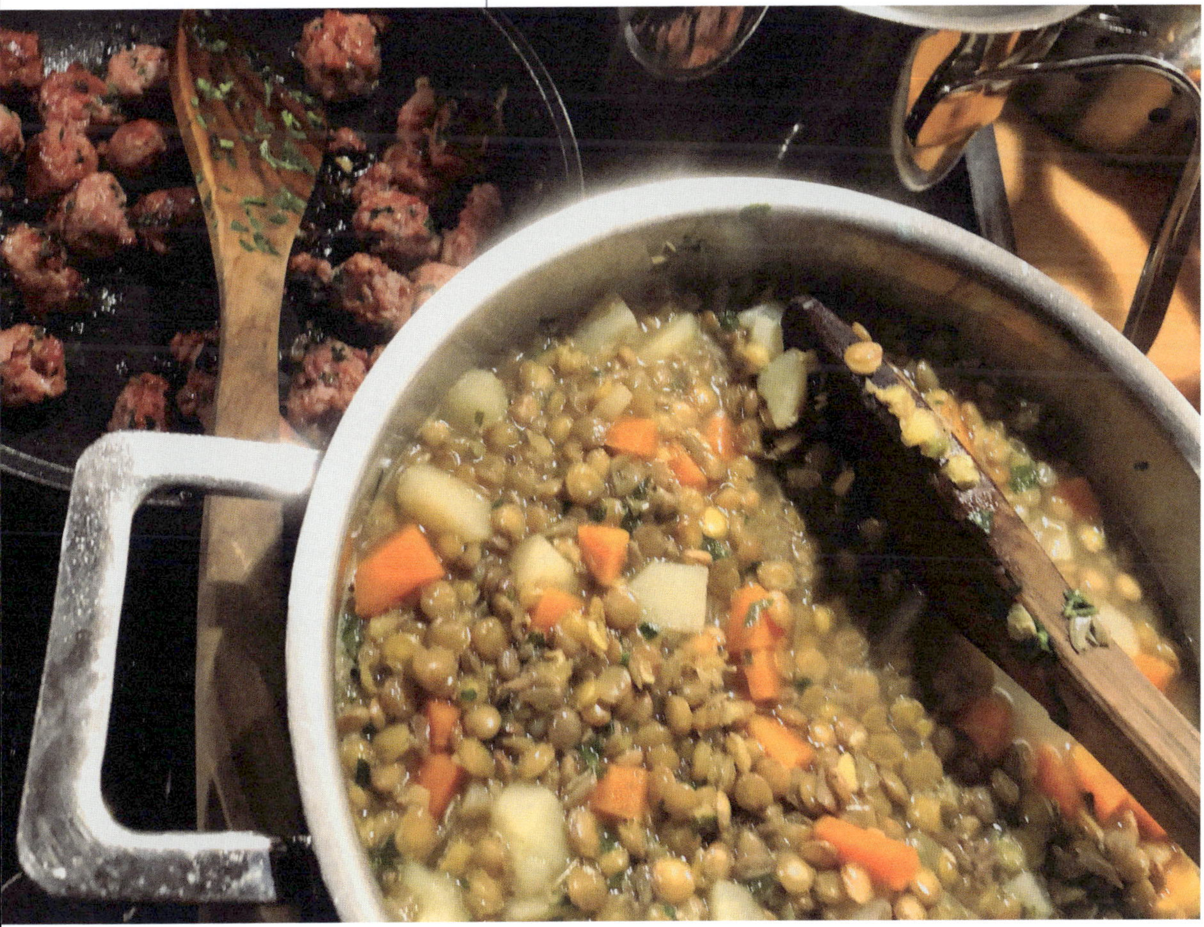

VILLGRATER NIGILAN

von Altbäuerin Maria Lusser, Almhütte Prantekammer in Innervillgraten, Osttirol

Im Pustertal werden an den großen Festtagen immer Nigilan, eine Süßspeise aus Germteig, aufgetischt. Wie zu Großmutters Zeiten werden die Nigilan in Fett ausgebacken, das Rezept von Generation zu Generation weitergegeben.

Für 30–35 Stück | Zubereitung: 30–40 Minuten | Ruhezeit: insgesamt 50 Minuten
Backzeit: 10–15 Minuten | Schwierigkeitsgrad: mittel

250 ml Milch
100 g Butter
500 g Weizenmehl (Type 405)
10 g Zucker
1 TL Salz
20 g frische Hefe
4 Eier, Größe M
1 Gläschen Rum
1 Prise Anis
Butterschmalz oder neutrales Pflanzenöl zum Backen
Puderzucker zum Bestreuen

1   Die Milch mit der Butter erwärmen. Das Mehl in eine Schüssel geben, in die Mitte eine Mulde drücken, Zucker und Salz hineinstreuen und die Hefe hineinbröckeln. Die lauwarme Milch-Butter-Mischung darübergießen und den Vorteig ein paar Minuten gehen lassen. Dann unter Zugabe der restlichen Zutaten einen mittelweichen Germteig kneten und diesen zugedeckt 30 Minuten ruhen lassen.

2   Den Teig auf einer bemehlten Arbeitsfläche etwa 2 cm dick ausrollen und mit einem Ausstecher 5 cm große Kreise ausstechen. Diese nochmals etwas aufgehen lassen.

3   Butterschmalz oder Öl in einem Topf erhitzen und die Nigilan in etwa 10–15 Minuten auf beiden Seiten goldbraun backen. Danach auf Küchenpapier kurz abtropfen und abkühlen lassen.

4   Vor dem Servieren mit Puderzucker bestreuen.

GLURNSER MÄUSE

Der Legende nach fand zwischen 1519 und 1520 am Bezirksgericht Glurns, der kleinsten Stadt Südtirols, ein Mäuseprozess statt. Die Gemeinde Stilfs klagte die Feldmäuse, die in den Feldern großen Schaden angerichtet hatten, an. Stilfs gewann den Prozess und die Mäuse wurden dazu verurteilt, die Felder zu verlassen. Ob sie dem Urteil gefolgt sind, ist nicht überliefert.

Der Glurnser Bäckermeister, Konditor und langjährige Glurnser Bürgermeister Alois Riedl hatte die Idee, als Erinnerung an die lustige Episode der Stadtgeschichte kleine Schokoladenmäuse anzufertigen und diese als süße Verführung anzubieten. Mit viel Erfolg.

NEUJAHR
»Miar winschn enk a glickseligs, freidnreichis nois Jour!«

Das alte Jahr ist vergangen und das neue Jahr steht vor der Tür. Nun ist die beste Zeit für gute Vorsätze und die besten Glückwünsche für Familie, Freunde und Bekannte. Und natürlich gibt es auch hierfür im Alpenraum lieb gewonnene Bräuche und Rituale, die man mit Nachbarn und Dorfgemeinschaft feiert.

NEUJAHRSSCHREIER UND NEU-JAHRSWÜNSCHE

Ein alter Brauch in vielen Ortschaften in den Alpen ist das Neujahrsschreien. Schon früh am Morgen ziehen Kinder und Jugendliche mit einem großen Rucksack von Haus zu Haus und von Hof zu Hof – immer mit dem gleichen Reim, dem Neujahrswunsch: »Miar winschn enk a glickseligs, freidnreichis nois Jour, Glick und Segn s'gonze Jour!« (Wir wünschen euch ein glückseliges und freudenreiches neues Jahr, Glück und Segen das ganze Jahr!)

In den Häusern gibt es dafür Nüsse und Feigen, Kekse und Orangen, Süßigkeiten und zwischendurch auch kleine Geldbeträge. Am Abend kommen die Neujahrsschreier dann todmüde, aber mit vollen Säcken nach Hause. Früher reichten die erbettelten Leckereien bei guter Einteilung wochenlang aus, um den oft harten Alltag zu versüßen. Und auch heute noch freuen sich die Kinder über die vielen süßen Geschenke.

NEUJAHRSBLASEN

Das Neujahrsblasen zählt ebenfalls zu den Neujahrsbräuchen im Alpenraum. Musikkapellen und -gruppen ziehen in den verschneiten Dörfern von Haus zu Haus und überbringen in lustigen Ständchen ihre musikalischen Neujahrsgrüße. Dafür gibt es dann Spenden für den jeweiligen Verein und eine kleine Stärkung für das leibliche Wohl aller Beteiligten. Nach einigen Schnäpschen geht es dann meist recht lustig zu und die musikalischen Dorfrunden enden nicht selten bei Tanz und Unterhaltung in einer Bauernstube oder im Dorfgasthaus.

Historisch handelt es sich beim Neujahrsblasen um eine alte Tradition der Stadtpfeifer, denen zum Jahreswechsel erlaubt wurde, die Häuser der Einwohner zu besuchen, um ihr mageres Gehalt aufzubessern.

EIN STERNEMENÜ ZUM JAHRES-BEGINN

Das neue Jahr ist ein guter Anlass, sich kulinarisch richtig verwöhnen zu lassen. Deshalb tischen fünf Südtiroler Sterneköche sowie Südtirols einzige Sterneköchin ein auserlesenes Neujahrsmenü zum großen Fest auf. Gesegnete Mahlzeit und prosit Neujahr!

KLOATZNRAVIOLI MIT GRAUKÄSE

von Sternekoch Herbert Hintner, Restaurant zur Rose in St. Michael Eppan, Südtirol

In Südtirol hat vor allem die Palabirne den Ruf, besonders gesund zu sein. Nicht umsonst wird sie im Volksmund auch als »Sommerapothekerbirne« bezeichnet. Die getrockneten oder gedörrten Birnen, auch »Kloatzn« genannt, sind die älteste, natürlichste und bekannteste Verarbeitungsform dieser Birnensorte.

Für 4 Personen | Zubereitung: 30–40 Minuten | Ruhezeit: 2 Stunden | Kochzeit: 4–5 Minuten
Schwierigkeitsgrad: mittel

FÜR DIE KLOATZNRAVIOLI
50 g Weizenmehl (Type 405)
50 g Kloatznmehl (Mehl aus getrockneten Birnen, in Südtirol oder über das Internet erhältlich)
30 g Hartweizengrieß
2 Eier, Größe M
Salz
200 g Kartoffeln
50 g weiche Butter
frisch gemahlener schwarzer Pfeffer
80 g Graukäse

FÜR DIE GRAUKÄSEPRALINEN
30 g Schnittlauch
40 g Graukäse

ZUM ANRICHTEN
etwas Kloatznmehl
zerlassene Butter

1 Aus dem Weizen- und Kloatznmehl, dem Hartweizengrieß, einem Ei und 1 Prise Salz einen geschmeidigen Teig kneten und diesen, in Frischhaltefolie gewickelt, 2 Stunden ruhen lassen.

2 In der Zwischenzeit die Kartoffeln schälen, in Salzwasser weich kochen und zerdrücken. Mit der Butter glatt rühren und mit Salz und Pfeffer abschmecken. Den Graukäse fein reiben und unter die Kartoffelmasse rühren.

3 Den Ravioliteig auf einer bemehlten Arbeitsfläche dünn ausrollen und etwa 15 cm große Kreise ausstechen. In die Mitte der Teigkreise 1 TL der Kartoffel-Käse-Mischung geben. Das restliche Ei verquirlen, die Teigränder damit bestreichen, übereinanderklappen und gut andrücken. Die Ravioli in leicht gesalzenem kochendem Wasser 4–5 Minuten kochen.

4 Für die Graukäsepralinen den Schnittlauch waschen, trocken schütteln und sehr fein hacken. Den Graukäse zu kleinen Kugeln formen und im Schnittlauch wälzen.

5 Die gekochten Ravioli auf einem Teller anrichten, mit etwas Kloatznmehl bestreuen und mit zerlassener Butter beträufeln. Die Graukäsepraline in der Mitte setzen.

ZWIEBELRISOTTO MIT GRAUKÄSESCHAUM

von Drei-Sterne-Koch Norbert Niederkofler, Restaurant
St. Hubertus in St. Kassian in Abtei, Südtirol

Seit 1994 ist Norbert Niederkofler für die Küche im Gourmetrestaurant
St. Hubertus im Hotel & Spa Rosa Alpina in St. Kassian im Gadertal
verantwortlich. Mit seiner »Cook the Mountains«-Küche geht Südtirols erster
Drei-Sterne-Koch – einer von zehn in ganz Italien – und die unumstrittene
Nummer eins unter den Südtiroler Spitzenköchen neue Wege.

Für 4 Personen | Zubereitung: 30 Minuten | Kochzeit: 20–30 Minuten
Schwierigkeitsgrad: mittel

FÜR DEN RISOTTO

4 Zwiebeln
100 g Butter
Olivenöl extra vergine zum Braten
100 ml Apfelessig
2 l Hühnerbrühe
40 g Parmesan
240 g Risotto (Sorte Carnaroli)
50 ml trockener Weißwein
2 Lorbeerblätter
5 Pfefferkörner
Salz
Schnittlauch, klein geschnitten

FÜR DEN SCHAUM VOM GRAUKÄSE

200 g süße Sahne
100 g Graukäse
2 g Agar-Agar
Salz
frisch gemahlener schwarzer Pfeffer

1 Die Zwiebeln abziehen, in feine Streifen (Julienne) schneiden und in 50 g Butter und etwas Olivenöl anschwitzen, mit dem Apfelessig ablöschen und weich dünsten.

2 Die Hühnerbrühe erhitzen, den Parmesan fein reiben. Den Reis ohne Fett anrösten, mit dem Weißwein ablöschen, den Alkohol verdunsten lassen. Lorbeerblätter und Pfefferkörner zum Risottoreis geben und diesen unter ständiger Zugabe der Hühnerbrühe weich kochen. Nach 10 Minuten die gedünsteten Zwiebeln unterrühren, danach den Risotto mit der restlichen Butter und dem geriebenen Parmesan fertigkochen.

3 Für den Graukäseschaum alle Zutaten in einem Topf geben und langsam zum Kochen bringen. Die Flüssigkeit mit einem Stabmixer pürieren, durch ein Sieb streichen und in einen Sahnesiphon füllen, nacheinander mit zwei Kapseln aufschäumen.

4 Den Risotto auf Tellern anrichten und mit Graukäseschaum und etwas geschnittenem Schnittlauch garnieren.

VINSCHGAUER REGENBOGEN-FORELLE MIT RONEN

von Kevin und Jörg Trafoier, Sternerestaurant Kuppelrain in Kastelbell, Südtirol

»Die besten einheimischen Produkte immer wieder neu interpretieren, daraus Kreativgerichte entwickeln und dabei die Reinheit eines unverfälschten Geschmacks erhalten«, so beschreibt die Wirtsfamilie Trafoier vom Sternerestaurant Kuppelrain in wenigen Worten die Philosophie ihrer Küche.

Für 4 Personen | Zubereitung: 30–40 Minuten | Ziehzeit: 4 Stunden
Dämpfzeit: 1–2 Stunden | Schwierigkeitsgrad: leicht

50 g Salz
10 g Rohrzucker
8 Forellenfilets, entgrätet (à 125 g)
2 Staudensellerie
½ Bund glatte Petersilie
100 ml Apfelsaft
frisch gemahlener schwarzer Pfeffer
etwas Olivenöl extra vergine
2 Ronen (Rote Beten)
½ TL Kümmelsamen
1 EL Apfelbalsamessig

ZUM ANRICHTEN
einige Sauerkleeblätter
einige Kapuzinerkresseblätter

1 Salz und Zucker in einer Schale mischen, die Forellenfilets häuten und mit der Salz-Zucker-Mischung einreiben. Die Filets auf einem Teller mit Frischhaltefolie abdecken und 2 Stunden ziehen lassen.

2 Währenddessen Sellerie und Petersilie waschen und abtrocknen. Die Selleriestangen putzen, in Stücke schneiden und die Petersilienblätter abzupfen. Die Forellenfilets abwaschen und trocken tupfen. Mit 2 EL Apfelsaft, einigen Selleriestücken, Petersilienblättern und etwas Pfeffer in einen Beutel geben, vakuumieren und weitere 2 Stunden ziehen lassen. Anschließend die Filets mit Olivenöl einreiben und bis zum Servieren beiseitestellen.

3 In der Zwischenzeit die Ronen schälen, zusammen mit den restlichen Zutaten vakuumieren und bei 90 °C 1–2 Stunde dämpfen. Anschließend in feine Scheiben oder Würfel schneiden.

4 Forellenfilets und Ronen auf den Tellern anrichten. Mit einigen Sauerklee- und Kapuzinerkresseblättchen garnieren.

Das alte Jahr vergangen ist,
Das neue Jahr beginnt.
Wir danken Gott zu dieser Frist,
Wohl uns, dass wir noch sind!
Wir sehn auf's alte Jahr zurück,
Und haben neuen Mut,
Ein neues Jahr, ein neues Glück!
Die Zeit ist immer gut.

Ja, keine Zeit war jemals schlecht:
In jeder lebet fort
Gefühl für Wahrheit, Ehr und Recht
Und für ein freies Wort.
Hinweg mit allem Weh und Ach!
Hinweg mit allem Leid!
Wir selbst sind Glück und Ungemach,
Wir selber sind die Zeit.

(Hoffmann von Fallersleben)

DRY AGED ROASTBEEF, WURZEL VOM ROHR, GESCHMORTER RADICCHIO UND TOPINAMBURPÜREE

von Sterneköchin Anna Matscher, Restaurant Zum Löwen in Tisens, Südtirol

Anna Matscher vom Restaurant Zum Löwen in Tisens ist Südtirols einzige Sterneköchin. Als Autodidaktin und Quereinsteigerin, die nie eine traditionelle Kochausbildung absolviert hat, überzeugt sie heute mit einer Küche, die von Frische und Leichtigkeit lebt.

Für 4 Personen | Zubereitung: 40–50 Minuten | Gar-/Kochzeit: insgesamt 2 Stunden Schwierigkeitsgrad: mittel

FÜR DAS ROASTBEEF

600 g Dry Aged Roastbeef, pariert
Salz
frisch gemahlener schwarzer Pfeffer
1 Msp. fein gehackter Rosmarin
Olivenöl extra vergine zum Braten
Fleur de Sel

FÜR DAS TOPINAMBURPÜREE

einige Stängel Petersilie
500 g Topinamburen
Salz
50 ml Gemüsefond
50 g süße Sahne
Für den Radicchio
3 Köpfe Radicchio
1 Knoblauchzehe
Olivenöl extra vergine zum Braten
Salz
frisch gemahlener schwarzer Pfeffer
1 Zweige Rosmarin
2 Zweige Thymian

1 Das Roastbeef salzen und pfeffern. In Olivenöl auf beiden Seiten anbraten, mit Rosmarin bestreuen und im vorgeheizten Backofen bei 200°C Ober- und Unterhitze 6 Minuten garen, dann bei 80°C 10 Minuten ruhen lassen.

2 Die Petersilie waschen, trocken tupfen und klein hacken. Die Topinamburen schälen, würfeln und in Salzwasser weich kochen. Dann abseihen und mit dem Gemüsefond in einer Pfanne weich schmoren. Die Sahne dazuschütten und die Topinamburen pürieren. Das Püree mit Salz abschmecken und die Petersilie unterrühren.

3 Den Radicchio putzen, waschen, trocken tupfen und vierteln. Den Knoblauch abziehen. Den Radicchio in Olivenöl mit Salz und Pfeffer anbraten, mit den Kräutern und dem Knoblauch auf ein Backblech legen und im Ofen bei 150 °C Ober- und Unterhitze in 15 Minuten fertig garen.

FÜR DIE ROTWEINSAUCE

1 kg rote Zwiebeln
1 Prise Zucker
Olivenöl extra vergine zum Braten
1 Flasche dunklen, trockenen Rotwein
1 l Kalbsfond
10 Lorbeerblätter
2 Zweige Rosmarin

FÜR DAS WURZELGEMÜSE

2 kleine Topinamburen
2 Crosny (Knollenziest)
3 Zuckerwurzeln
3 Minikarotten
2 gelbe Rüben
2 Lichtwurzeln
Salz
frisch gemahlener schwarzer Pfeffer
1 Zweig Thymian
1 Zweig Rosmarin

4 Die Zwiebeln abziehen und vierteln. Den Zucker in Olivenöl karamellisieren, die Zwiebelviertel dazugeben und bei niedriger Temperatur anschwitzen, bis eine schöne braune Farbe erreicht ist. Mit dem Rotwein ablöschen und die Flüssigkeit vollständig reduzieren lassen. Dann mit dem Kalbsfond aufgießen, die Kräuter dazugeben und 30 Minuten köcheln lassen. Anschließend durch ein Sieb gießen.

5 Das Wurzelgemüse putzen, waschen, bei Bedarf schälen und in kleine Stücke schneiden. Dann salzen, pfeffern und zusammen mit Thymian und Rosmarin auf ein Backblech geben. Im Ofen bei 160 °C Ober- und Unterhitze 20 Minuten garen.

6 Das Roastbeef in Scheiben schneiden, mit etwas Fleur de Sel bestreuen und mit dem Topinampurpüree, dem geschmorten Radicchio und dem Wurzelgemüse anrichten. Mit der Rotweinsauce beträufeln und servieren.

REHRÜCKEN, PILZE, GERÄUCHERTE MANDELN UND ZITRONENTHYMIAN

vom Zwei-Sterne-Koch Gerhard Wieser, Trenkerstube im Dorf Tirol, Südtirol

Seit 1992 zeichnet Gerhard Wieser für die kulinarischen Highlights in der Trenkerstube im Hotel Castel in Dorf Tirol verantwortlich. Der Zwei-Sterne-Koch verarbeitet mit seinem Team beste und frische Zutaten – viele davon aus der Region – zu ganz besonderen kulinarischen Erlebnissen.

Für 4 Personen | Zubereitung: 60 Minuten | Kochzeit: insgesamt 40–50 Minuten
Schwierigkeitsgrad: mittel

FÜR DEN REHRÜCKEN

750 g Rehrücken, küchenfertig und pariert
2 EL Mandelöl
1 Zweig Rosmarin
2 Zweige Zitronenthymian
3 Wacholderbeeren
1 Knoblauchzehe
1 EL Butter
1 Salbeiblatt
Salz
frisch gemahlener schwarzer Pfeffer
50 ml dunkler, kräftiger Rotwein
50 ml roter Portwein
1 TL Malzpulver
½ TL Aceto balsamico
Fleur de Sel
3 EL geräucherte Mandelkerne, fein gerieben

1 Den Rehrücken zusammen mit dem Mandelöl und je einem Zweig Rosmarin und Zitronenthymian vakuumieren und im Sous-vide-Gerät bei 68 °C 14 Minuten garen. Das Fleisch von den Kräutern befreien und tranchieren. Die Wacholderbeeren zerdrücken. Den Knoblauch abziehen. In einer Pfanne die Butter mit dem ganzen Knoblauch, dem restlichen Zitronenthymian, dem Salbei und den Wacholderbeeren erhitzen und die Filets darin 1 Minute anbraten, dann salzen und pfeffern.

2 Rotwein und Portwein einkochen und mit Malzpulver und Aceto balsamico abschmecken. Vor dem Servieren die Rehfilets portionieren und mit der Rotwein-Malz-Glace bestreichen und mit etwas Fleur de Sel und den geräucherten Mandeln bestreuen.

3 Für das Lauchpüree den Lauch putzen, waschen und klein schneiden. In Salzwasser in etwa 12 Minuten weich kochen, dann zusammen mit der Geflügelbrühe in einen Mixer geben und fein pürieren. In einem Topf noch mal erhitzen und salzen. Vor dem Servieren mit Butter und Olivenöl abschmecken.

4 Die Buchenpilze putzen und waschen. Die Schalotten in Butter anschwitzen, die Pilze dazugeben, salzen und pfeffern, 1 Minute garen und mit der fein gehackten Petersilie bestreuen.

5 Die Rehrückenfilets auf die Teller verteilen, Lauchpüree dazugeben und mit den Pilzen garnieren.

FÜR DAS LAUCHPÜREE
150 g Lauch
Salz
70 ml Geflügelbrühe
1 EL Butter
2 EL Olivenöl extra vergine

FÜR DIE BUCHENPILZE
100 g Buchenpilze
1 EL fein gewürfelte Schalotte
1 EL Butter
Salz
frisch gemahlener schwarzer
Pfeffer
1 TL fein gehackte Petersilie

161

SACHER-LEBKUCHEN-TÖRTCHEN

von Sternekoch Karl Baumgartner, Restaurant Schöneck in Pfalzen, Südtirol

Eine regional-traditionelle wie auch mediterran angehauchte, stets innovativ interpretierte Küche ist Karl Baumgartners Markenzeichen. Die Liebe zu seinen Kreationen, angesiedelt zwischen lokaler Bodenständigkeit und südländischer Leichtigkeit, bescherten Karl Baumgartner 1996 seinen ersten Michelinstern, der bis heute jedes Jahr bestätigt wird.

Für 4 Törtchen | Zubereitung: 90 Minuten | Backzeit: 15–20 Minuten
Schwierigkeitsgrad: mittel

FÜR DEN SCHOKOLADEN-BISKUIT-BODEN

4 Eier, Größe M
80 g Weizenmehl (Type 405)
40 g Mandelmehl
5 g Kakaopulver
1 Pck. Backpulver (8 g)
130 g Zartbitter-Kuvertüre (72 % Kakaoanteil)
90 g Butter
30 g Mascobado-Zucker
80 g Zucker

FÜR DIE LEBKUCHENMOUSSE UND DIE MERINGE

170 g Lebkuchen
90 g weiße Schokolade
30 g Dulcey-Schokolade von Valrhona (32 % Kakaobutter-Anteil)
5 g Gelatineblätter
200 ml Milch
415 g süße Sahne
10 g Lebkuchengewürz
100 g Zucker
80 g Eiweiß

ZUM ANRICHTEN

200 g Marillenkonfitüre

1 Für den Schokoladen-Biskuit die Eier trennen. Das Weizen- und Mandelmehl mit Kakao- und Backpulver vermischen und fein sieben. Kuvertüre klein hacken, mit der Butter und dem Mascobado-Zucker über einem Wasserbad schmelzen. Nach und nach das Eigelb einrühren. Eiweiß mit dem Zucker steif schlagen. Erst die Mehl-Kakao-Backpulver-Mischung unter die Schokolade rühren, dann den Eischnee vorsichtig unter den Schokoladenteig heben. Ein Backblech mit Backpapier auslegen und den Teig flach auftragen. Den Ofen auf 200 °C Ober- und Unterhitze vorheizen und den Biskuitteig 15–20 Minuten backen.

2 Für die Lebkuchenmousse die Lebkuchen und die Schokolade klein hacken. Die Gelatineblätter nach Packungsanweisung einweichen und ausdrücken. Die Milch mit 175 g Sahne kurz aufkochen. Die zerbröselten Kekse mit dem Lebkuchengewürz, der Gelatine sowie der Hälfte der klein gehackten Schokolade untermischen und alles leicht verrühren.

3 Für die Meringe den Zucker in 15 ml Wasser geben und bis zu einer Temperatur von 120 °C kochen. Das heiße Zuckerwasser in einem dünnen Strahl zum Eiweiß geben, währenddessen das Eiweiß bis zum Erkalten steif schlagen. Die restliche Sahne ebenfalls steif schlagen. Anschließend den Eischnee und die Schlagsahne vorsichtig unter die Lebkuchenmasse heben und die Mousse zugedeckt 1 Stunde kalt stellen.

4 Für die dünnen Schokoladeblätter die andere Hälfte der Schokolade über einem Wasserbad langsam auf 32 °C temperieren:
Die Masse auf einer Marmorplatte alternativ auf Backpapier dünn
ausstreichen, leicht erkalten lassen und mit 9–10 cm großen Ringen
vorsichtig Kreise ausstechen und lösen.

5 Den Schokoladenbiskuit ebenfalls mit den 9–10 cm großen
Ringen ausstechen und diese mit cremiger Marillenkonfitüre leicht
bestreichen. Die Mousse in eine Tülle füllen und auf den Biskuitteig spritzen. Auf die Mousse eine zweite Lage des mit Konfitüre
bestrichenen Biskuitbodens geben und auf diese noch einmal die
Mousse. Zum Schluss das Törtchen mit dem Schokoblatt obenauf
beenden. Auf einem Teller dekorativ anrichten und servieren.

DREIKÖNIG
*Frieden und Glück im neuen Jahr
wünscht euch allen die Sternsingerschar*

Am 6. Januar feiert die Kirche das Hochfest »Erscheinung des Herrn«, auch genannt Epiphanias oder Dreikönigsfest. An diesem Tag werden in vielen Familien zum letzten Mal die Kerzen am Christbaum angezündet. Die heimelige Weihnachtszeit klingt aus, das neue Jahr beginnt und die Tage werden langsam länger, oder wie der Volksmund sagt: »Zu Weihnachten a Muckngahn (ein Mückenschritt), zu Neujahr a Hahnentritt, zu Heilig Drei König a Hirschensprung und zu Maria Lichtmess a ganze Stund.« Die bekannteste christliche Tradition zum Dreikönigsfest sind sicherlich die Sternsinger. Doch vielerorts werden auch andere Bräuche hochgehalten. Einer davon ist die Dreikönigswasserweihe. Mit dem geweihten Wasser werden die Häuser und Wohnungen gesegnet. In manchen Gegenden Italiens findet sogar die Bescherung der Kinder erst am 6. Januar statt, an La Befana. Hier ist es nicht der Weihnachtsmann, der durch den Kamin geflogen kommt, sondern eine Hexe, die Befana.

STERNSINGER UND DREIKÖNIGSSINGEN

Singend oder Verse aufsagend ziehen die Sternsinger Anfang Januar durch die Städte und Dörfer. Alljährlich gehen in den Weihnachtsferien allein in Südtirol an die 5.000 Sternsingerinnen und Sternsinger der Katholischen Jungschar Südtirols von Haus zu Haus. Verkleidet als die drei orientalischen Könige Caspar, Melchior und Balthasar, sammeln sie Spenden für soziale, kirchliche und Bildungsprojekte auf der ganzen Welt. Durch die »Hilfe unter gutem Stern«

werden notleidenden Mitmenschen, die in Afrika, Asien oder Lateinamerika in menschenunwürdigen Situationen leben müssen, neue Lebenschancen eröffnet. Mit den Sternsingern lebt die Geschichte der »Drei Weisen aus dem Morgenlande«, wie die Heiligen Drei Könige auch genannt werden, bis heute weiter. Der Stern von Bethlehem führte die Könige einst zum Stall, in dem Jesus geboren wurde. Der Weg dorthin hat ihr Leben verändert. So wie die Heiligen Drei Könige damals aufbrachen und sich Neuem zuwandten, so lädt der Sternsingerbrauch uns heute noch zu einem mutigen und hoffnungsvollen Aufbruch ins neue Jahr ein.

20 – C + M +B – 21 – CHRISTUS MANSIONEM BENEDICAT

Die Sternsinger überbringen bei ihren Hausbesuchen jeder Familie den Segen »Christus mansionem benedicat«, übersetzt »Christus segne dieses Haus«. Sie selbst, der Hausherr oder jemand aus der Familie schreiben mit geweihter Kreide das C+M+B sowie die Zahl des neuen Jahres an die Türstöcke – verbunden mit dem Wunsch nach Frieden und Gottes Segen für die Bewohner und für das kommende Jahr. C+M+B steht im Volksglauben auch für die Anfangsbuchstaben der drei Weisen: für Caspar, Melchior und Balthasar – oder im übertragenen Sinn für C(K)äse, Milch und Butter.

Wir Heil'gen Drei König mit unserem Stern,
Wir zieh'n durch die Lande und suchen den Herrn.
Als Caspar, als Melchior, als Balthasar auch,
voll Freude wir kommen nach sehr altem Brauch.
Uns hindert kein Schnee und kein Eis und kein Wind,
wir singen und bringen die Liebe dem Kind.
In Bethlehems Stall ist gebor'n Jesus Christ,
der Heiland und Retter für uns alle ist.
Was ihr jetzt gegeben, wir danken euch's sehr!
Reich möge es lohnen der ewige Herr.

(Autor unbekannt)

GLÜHENDE SCHEIBEN
fliegen in die Nacht

Erde und Wasser, Feuer und Luft – die vier Elemente spielen in vielen Bräuchen eine große Rolle. Ein solcher Brauch, der im Vinschgau von Schlanders bis nach Mals noch heute lebendig ist, ist das Scheibenschlagen an alten Kultplätzen.

Der »Scheibnschlogsunnti« ist der erste Fastensonntag im Jahr, im Obervinschgau auch als Funken- oder Kassonntag bekannt. Die jungen

Männer bereiten sich schon Tage vorher auf den alten Brauch vor. Die für das Fest notwendigen Scheiben müssen hergerichtet werden: runde oder viereckige, etwa 2 Zentimeter dicke Holzstücke aus Birke oder Zirbe mit 15 bis 25 Zentimeter Durchmesser und einem Loch in der Mitte.

Am Funkensonntag schließlich treffen sich die Bewohner des jeweiligen Ortes und schichten

Brennholz an exponierten Stellen auf, etwa auf dem Tartscher Bühel. Darauf stellen sie hohe, kreuzähnliche und mit Stroh umwickelte Stangen, die sogenannten »Larmstangen«, »Kasfängga« oder die »Hex«. Sobald die Sonne untergegangen ist, wird unter lautem Geschrei das Feuer entzündet. Es soll die Dämonen der Finsternis und Kälte vertreiben, damit der Frühling Einzug ins Tal halten kann und Unheil abgewendet wird.

Dann kommen die Scheiben zum Einsatz: Die Scheibenschläger stecken sie auf lange, biegsame Ruten aus Haselnussholz und halten sie so lange ins Feuer, bis sie sich entzünden. Dabei sagen sie traditionelle Sprüche auf, in denen sie um Glück für eine bestimmte Person, um eine gute Ernte und Fruchtbarkeit bitten. Daraufhin werden die Scheiben auf den Ruten so lange herumgeschwungen, bis sie vollends zu glühen beginnen. Unter Reimen – etwa »Reim, Reim,

wem soll dia Scheib' sein?« oder »Kas in der Tosch, Wein in der Flosch, Korn in der Wonn, Schmolz in der Pfonn, Pfluag in der Eard, Schaug, wia main Scheibele ausigeat« – schleudert jeder Scheibenschläger seine glühenden Scheiben ins Tal hinunter. Je schöner und weiter sie fliegen, umso mehr Glück bringen sie dem, der die Scheibe geschlagen hat. Mit viel Lärm wird zum Abschluss auch die »Larmstange« oder »Hex« angezündet.

RADICCHIO-KARTOFFELTEIGTASCHEN

von Guntmar Öttl, Gasthof Restaurant Jäger in Sirmian, Südtirol

Saisonal. Kreativ. Authentisch. So definieren die Wirtsleute im Landgasthof Jäger in Sirmian ihre regionale Küche. Ihr Bestreben ist es, so viel wie möglich selber zu machen. Angefangen von den Teigtaschen über die Tiroler Knödel …

Für 4 Personen | Zubereitung: 60 Minuten | Ruhezeit: 30 Minuten | Kochzeit: 5 Minuten
Schwierigkeitsgrad: mittel

FÜR DEN TEIG
1 kg mehligkochende Kartoffeln
Salz
50 g Butter
3 Eigelb, Größe M
300 g Weizenmehl (Type 405)
50 g Hartweizengrieß

FÜR DIE FÜLLUNG
600 g Radicchio
1 Zwiebel
50 g Kochschinken
50 g Butter
etwas Kartoffelstärke
Salz
Parmesan

ZUM ANRICHTEN
zerlassene Butter
Parmesan, frisch gerieben
Schnittlauch, fein gehackt
Wiesenkräuter

1 Kartoffeln schälen, in Salzwasser weich kochen, durch eine Kartoffelpresse drücken und abkühlen lassen. 50 g Butter erwärmen, zusammen mit dem Eigelb, Mehl, Grieß und etwas Salz zur Kartoffelmasse geben und alles zu einem glatten Teig kneten. Diesen zu einer Kugel formen, in Frischhaltefolie wickeln und 30 Minuten ruhen lassen.

2 Den Radicchio putzen, waschen und in feine Streifen schneiden. Die Zwiebel abziehen und klein würfeln, genauso wie den Kochschinken. Die Zwiebelwürfel in der Butter anschwitzen, nacheinander die Schinkenwürfel, dann die Radicchiostreifen dazugeben und mitgaren. Den Sud durch ein Sieb gießen, auffangen und wieder erhitzen. Mit etwas Kartoffelstärke binden. Die abgekühlte Radicchio-Zwiebel-Schinken-Mischung wieder in den Sud geben. Etwas Parmesan darüberreiben und alles mit Salz abschmecken.

3 Den Kartoffelteig auf einer bemehlten Arbeitsfläche dünn ausrollen und runde, 6–8 cm große Kreise ausstechen. In die Mitte eines jeden Kreises 1 TL Radicchiofüllung setzen, die Teigränder halbmondförmig zusammenklappen und gut andrücken. Die Teigtaschen in Salzwasser 5 Minuten köcheln lassen, auf die Teller verteilen, mit zerlassener Butter übergießen, Parmesan und Schnittlauch darauf verteilen und mit Wiesenkräutern garnieren.

TEIGTASCHEN MIT ALTREIER KAFFEE

von Sara und Matthias Varesco, Kürbishof in Altrei, Südtirol

Der Altreier Kaffee wird nicht aus Kaffeebohnen hergestellt, sondern ist eine Südtiroler Spezialität aus Lupinen. Gemischt mit Weizen oder Gerste ist er ein traditioneller Kaffeeersatz, der in den letzten Jahren seine Wiederentdeckung feierte.

Für 4 Personen | Zubereitung: 30–40 Minuten | Ruhezeit: 30 Minuten Schwierigkeitsgrad: mittel

150 g Weizenmehl (Type 405)
10 g Altreier Kaffee
2 Eier, Größe M
Salz
2 mehligkochende Kartoffeln
200 g Bergkäse
3 EL fein gehackte Kräuter der Saison
40 g Butter
einige Zweige Thymian
2 EL Gemüsebrühe
Parmesan

1 Das Mehl mit dem Altreier Kaffee in einer Schüssel gut mischen. Eier und etwas Salz hinzufügen und alles zu einem glatten Nudelteig kneten. Diesen zugedeckt 30 Minuten ruhen lassen.

2 In der Zwischenzeit die Kartoffeln in Salzwasser weich kochen, schälen und abkühlen lassen. Die Kartoffeln und den Bergkäse fein reiben und mit den gehackten Kräutern gut vermischen.

3 Den Nudelteig auf einer bemehlten Arbeitsfläche dünn ausrollen und mit einer wellenförmigen Form 10 cm große Kreise ausstechen. In die Mitte jeweils 1 TL der Kartoffel-Käse-Füllung geben, die leicht angefeuchteten Ränder zusammenklappen und gut andrücken. Die Teigtaschen anschließend so aufstellen, dass sie wie Hahnenkämme aussehen.

4 Die Teigtaschen in köchelndem Salzwasser 3–4 Minuten ziehen lassen, mit einem Schaumlöffel herausheben und gut abtropfen lassen. Die Butter in einem Topf aufschäumen, die Thymianzweige im Ganzen und die Gemüsebrühe hinzufügen und die »Hahnenkämme« darin schwenken. Auf vorgewärmten Tellern anrichten und Parmesan darüberreiben.

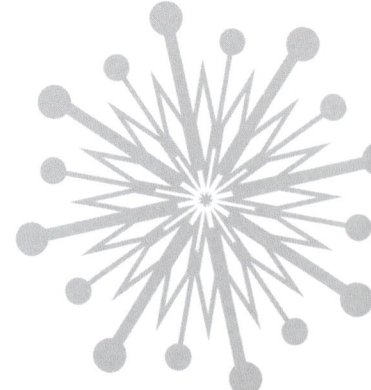

HEILBUTTFILET IN SPECKSAUCE, AUF SALATHERZEN UND MIT VINSCHGER PAARLBROTCHIPS

von der Familie Agethle, Gasthof Zum Gold'nen Adler in Mals, Südtirol

Im Gasthof Zum Gold'nen Adler in Mals treffen sich die Einheimischen gerne auf ein Gläschen. In der Küche verarbeitet die Familie Agethle die Produkte aus der eigener Landwirtschaft und kombiniert sie mit Delikatessen, die auch von außen kommen.

Für 4 Personen | Zubereitung 40–50 Minuten | Koch-/Bratzeit: 40–50 Minuten Schwierigkeitsgrad: mittel

FÜR DIE SAUCE

2 Schalotten
10 g Butter
100 ml trockener Weißwein
100 ml Martini dry
100 ml Fischfond
200 g süße Sahne
200 g Crème fraîche
etwas Zitronensaft
Salz
frisch gemahlener weißer Pfeffer
40 g Südtiroler Bauernspeck

FÜR DIE BEILAGEN

8 dünne Scheiben Südtiroler Bauernspeck
1 Vinschger Paarlbrot (oder ein anderes Sauerteigbrot)
4 Endiviensalatherzen
Olivenöl extra vergine zum Braten
Salz
schwarze Sesamsaat

FÜR DIE FISCHFILETS

4 Heilbuttfilets (à 100–120 g), küchenfertig
Salz
frisch gemahlener schwarzer Pfeffer
Olivenöl extra vergine zum Braten

1 Die Schalotten abziehen, klein würfeln und in Butter anschwitzen, mit Weißwein und Martini ablöschen und um die Hälfte einkochen lassen. Den Fischfond aufgießen, noch mal einige Minuten köcheln lassen. Dann Sahne und Crème fraîche unterrühren und die Sauce sämig kochen. Mit etwas Zitronensaft, Salz und frisch gemahlenem weißen Pfeffer abschmecken. Parallel dazu den Bauernspeck ebenfalls klein würfeln, knusprig anbraten und unter die Sauce mischen.

2 Die Speckscheiben ohne Fettzugabe knusprig anbraten. Den Ofen auf 180°C Umluft vorheizen, das Paarlbrot in hauchdünne Scheiben schneiden und auf einem Backblech in etwa 8–10 Minuten kross rösten. Die Salatherzen putzen, waschen und trocken schütteln. Das Olivenöl erhitzen, den Endiviensalat darin schwenken, anschließend leicht salzen.

3 Die Heilbuttfilets salzen und pfeffern und in Olivenöl auf beiden Seiten kurz anbraten.

4 Die lauwarmen Salatherzen auf vorgewärmten Tellern anrichten, die Heilbuttfilets dazugeben und mit der Sauce beträufeln. Mit den gebratenen Speckstreifen, den Paarlbrotchips und der Sesamsaat garnieren.

GESCHMORTE SCHWEINSHAXEN
Maso Runch Hof in Abtei, Südtirol

Im Maso Runch Hof in Abtei pflegt die Familie Nagler eine echte, ursprüngliche ladinische Küchentradition. Es ist eine schlichte, einfache Küche, die auf frischen Südtiroler Zutaten basiert.

Für 4 Personen | Zubereitung: 30 Minuten | Bratzeit: 2 Stunden | Grillzeit: 5 Minuten
Schwierigkeitsgrad: leicht

2 Schweinshaxen mit
Schwarte (à 750 g)
Salz
frisch gemahlener schwarzer
Pfeffer
edelsüßes Paprikapulver
Olivenöl extra vergine
2 mittelgroße Zwiebeln
2 Karotten
2 Staudensellerie
3 Lorbeerblätter
1 TL Wacholderbeeren
250 ml Fleischbrühe
250 ml helles Bier (Pils)

1 Die Schweinshaxen waschen, trocken tupfen, mit Salz, Pfeffer und Paprikapulver einreiben und mit etwas Olivenöl in einen Bräter legen. Die Zwiebeln abziehen und in Viertel schneiden. Die Karotten und den Sellerie putzen, waschen und in Stücke schneiden. Das Gemüse um die Schweinshaxen herum verteilen. Lorbeerblätter und Wacholderbeeren dazugeben.

2 Den Ofen auf 180°C Umluft vorheizen, den Bräter hineinschieben und die Haxen etwa 2 Stunden braten. Nach 30 Minuten Bratzeit die Haxen langsam mit Fleischbrühe und Bier begießen.

3 Den Bräter aus dem Ofen nehmen, den Fond abgießen und passieren. Die Schweinshaxen noch einmal in den Ofen schieben und mit der Grillfunktion etwa 5 Minuten knusprig braten. Die Schweinshaxen mit dem Fond auf Tellern anrichten, dazu passen Knödel, Polenta und Krautsalat.

HIRSCHRÜCKEN MIT APFELROTKRAUT

von Tobias Pardeller, Der Pardeller in Welschnofen, Südtirol

Unkomplizierte Gastlichkeit mit Herz und Tradition steht beim Pardeller in Welschnofen im Mittelpunkt. Die Küche überzeugt mit erstklassigen Produkten aus der Gegend sowie mit bodenständigen Gerichten.

Für 4 Personen | Zubereitung: 30–40 Minuten | Kochzeit: 3 Stunden | Ruhezeit: über Nacht Schwierigkeitsgrad: mittel

FÜR DAS APFELROTKRAUT

1 Kopf Rotkraut
2 Äpfel
10 g Ingwer
½ TL Pimentkörner
½ TL Senfkörner
½ TL schwarze Pfefferkörner
½ TL Koriandersamen
Saft von 2 Orangen
1 l trockener Rotwein
1 rote Zwiebel
1 EL Zucker
20 ml Aceto balsamico
50 g Preiselbeerkonfitüre
Salz
frisch gemahlener schwarzer Pfeffer

FÜR DEN HIRSCHRÜCKEN

800 g Hirschrücken, ausgelöst und pariert
Salz
frisch gemahlener schwarzer Pfeffer
1 EL Dijonsenf
Olivenöl extra vergine zum Braten
1 Zweig Rosmarin
1 Zweig Thymian
70 g Butter
100 g gehackte Mandelkerne
20 g Semmelbrösel

1 Das Rotkraut putzen, waschen und fein hobeln. Die Äpfel und den Ingwer schälen und fein reiben. Alles zusammen mit den Gewürzen in eine große Schüssel geben. Den Orangensaft und den Rotwein dazugießen und abgedeckt über Nacht im Kühlschrank marinieren.

2 Am nächsten Tag die Zwiebel abziehen und klein würfeln. In einem Topf ohne Fettzugabe mit dem Zucker leicht karamellisieren. Das Apfelrotkraut hinzugeben und 2–3 Stunden bei niedriger Temperatur köcheln lassen. Zum Schluss mit Aceto balsamico, Preiselbeerkonfitüre, Salz und Pfeffer abschmecken.

3 Den Hirschrücken salzen, pfeffern und mit dem Senf bestreichen. In Olivenöl auf allen Seiten scharf anbraten. Die Kräuter und 20 g Butter dazugeben und die aufschäumende Butter über das Fleisch löffeln. Für die Kruste die restliche Butter schaumig rühren, gehackten Mandeln und Semmelbrösel untermischen. Den Hirschrücken aus der Pfanne nehmen und die Krustenmasse auf dem Fleisch verteilen. Den Ofen auf 200 °C Grillfunktion vorheizen. Den Hirschrücken hineinschieben und auf der untersten Schiene 5–8 Minuten gratinieren. Anschließend etwas ruhen lassen.

4 Den Hirschrücken in Tranchen schneiden und mit dem Apfelrotkraut servieren. Als Beilage passen Kartoffel- oder Selleriepüree dazu sowie gekochtes Wurzelgemüse.

WARMES MOHNTÖRTCHEN MIT HONIGHALBGEFRORENEM

von der Familie Gasser, Restaurant Turmwirt in Gufidaun, Südtirol

Bei der Auswahl der Zutaten achtet die Familie Gasser vom Turmwirt in Gufidaun nicht nur auf regionale Herkunft, sondern auch darauf, dass sie perfekt miteinander harmonieren – für ein rundum gelungenes Geschmackserlebnis.

Für 4 Personen | Zubereitung: 30 Minuten | Backzeit: 45 Minuten | Tiefkühlzeit: mindestens 3 Stunden
Schwierigkeitsgrad: leicht

FÜR DAS HONIGHALBGEFRORENE

200 g süße Sahne
40 g Eigelb
20 g Puderzucker
60 g Honig

FÜR DIE MOHNTÖRTCHEN

1 Ei, Größe M
50 g Butter
50 g Zucker
20 g Honig
50 g gemahlene Mandelkerne
50 g gemahlener Mohn
etwas abgeriebene Zitronenschale
1 EL Rum

1 Für das Honighalbgefrorene die Sahne steif schlagen. Das Eigelb mit dem Puderzucker cremig rühren, den Honig untermischen und die geschlagene Sahne unterheben. Die Masse in eine Kastenform füllen und im Tiefkühlschrank komplett gefrieren lassen.

2 Für die Mohntörtchen das Ei trennen, die Butter schmelzen. Eigelb, Butter, 30 g Zucker zusammen mit allen weiteren Zutaten in eine Schüssel geben und gut mischen. Das Eiweiß mit dem restlichen Zucker steif schlagen und vorsichtig unterheben. Vier Mulden eines Muffinblechs einfetten und zuckern. Die Mohnmasse einfüllen und bei 150 °C Ober- und Unterhitze 45 Minuten im Ofen backen.

3 Das noch warme Mohntörtchen auf dem Teller mit Puderzucker bestreuen, mit frischen Früchten (zum Beispiel Erdbeeren oder Pflaumen) oder etwas Kompott garnieren und mit zwei Scheiben Halbgefrorenem servieren.

ADRESSEN

Almhütte Prantekammer
Familie Lusser
Klamperplatz 117
9932 Innervillgraten (Osttirol)
Tel. +43 4843 5102

Bäckerei Santer
Karthaus 58
39020 Schnals (Südtirol)
Tel. +39 0473 679112

Cabane Marcel Brunet
Hervé Maret
1948 Bagnes (Wallis)
Tel. +41 027 7781810
www.cabanebrunet.ch

Café Konditorei Eisdiele Riedl
Alois Riedl
Malserstraße 9
39020 Glurns (Südtirol)
Tel. +39 0473 831348

Der Pardeller
Familie Pardeller
Romstraße 18
39056 Welschnofen (Südtirol)
Tel. +39 0471 613144
www.pardeller.com

Duxeralm im Zillertal
5743 Hochkrimml (Nordtirol)

Gasthaus Schlosswirt Juval
Juval 2
39020 Kastelbell (Südtirol)
Tel. +39 0473 668056
www.schlosswirtjuval.it

Gasthof Restaurant Jäger
Familie Öttl
Apolloniaweg 5
39010 Sirmian/Nals (Südtirol)
Tel. +39 0471 678605
www.gasthof-jaeger.com

Gasthof Zum Gold'nen Adler
Familie Agethle
Schleis 46
39024 Mals (Südtirol)
Tel. +39 0473 831139
www.zum-goldnen-adler.com

Gostner Schwaige
Familie Mulser
Saltriastraße 13
39040 Seis am Schlern (Südtirol)
Tel. +39 347 836 81 54
www.gostnerschwaige.com

Hotel Paradies
Katharina Pircher
St. Georgstraße 30
39050 Tiers (Südtirol)
Tel. +39 0471 642136
www.paradies.it

Kürbishof
Familie Varesco
Guggal 23
39040 Altrei (Südtirol)
Tel. +39 0471 882 140
www.kuerbishof.it

Marzoner Alm
Familie Gerstgrasser
39020 Kastelbell (Südtirol)
Tel. +39 335 5605862
www.marzoneralm.it

Maso Runch Hof
Familie Nagler
Runch 11
39036 Abtei/Alta Badia (Südtirol)
Tel. +39 0471 839 796
www.masorunch.it

Mayerlehenhütte auf der Gruberalm
Familie Matieschek
5324 Hintersee (Salzburger Land)
Tel. +43 6224 216
www.gruberalm.at

Oberraindlhof
Raindl 49
39020 Schnalstal (Südtirol)
Tel. +39 0473 679131
www.oberraindlhof.com

Paulser Hof
Familie Schwarzer-Morandell
Unterrainer Straße 21
39050 St. Pauls (Südtirol)
Tel: +39 0471 662422
www.paulserhof.com

Prastmann Alm im Ahrntal
Heilig Geist
39030 Kasern (Südtirol)
Tel. +39 335 783 7368

Restaurant Kuppelrain
Sonya Egger, Kevin und Jörg Trafoier
Bahnhofstraße 16
39020 Kastelbell (Südtirol)
Tel. +39 0473 624103
www.kuppelrain.com

Restaurant Le Chalet de Gruyères
Rue du Bourg 53
1663 Gruyères
Tel. +41 026 9212154
www.gruyereshotels.ch

Restaurant Schöneck
Familie Baumgartner
Schloss-Schöneck-Straße 11
39030 Pfalzen (Südtirol)
Tel. +39 0474 565550
www.schoeneck.it

Restaurant St. Hubertus im Hotel Rosa Alpina
Norbert Niederkofler
Strada Micurá de Rü 20
39036 St. Kassian in Abtei (Südtirol)
Tel. +39 0471 849 500
www.rosalpina.it

Restaurant Turmwirt
Familie Gasser
Gufidaun 50
39043 Klausen (Südtirol)
Tel. +39 0472 844001
www.turmwirt-gufidaun.com

Restaurant Zum Löwen
Anna Matscher
Hauptstraße 72
39010 Tisens (Südtirol)
Tel. +39 0473 920927
www.zumloewen.it

Restaurant zur Rose
Herbert Hintner
Josef Innerhoferstraße 2
39057 St. Michael Eppan (Südtirol)
Tel. +39 0471 662249
www.zur-rose.com

Sotciastel Hof
Familie Pitscheider
Sotciastel 7
39036 Badia (Südtirol)
Tel. +39 0338 7640188
www.sotciastel.it

Trenkerstube im Hotel Castel
Gerhard Wieser
Keschtngasse 18
39019 Dorf Tirol (Südtirol)
Tel. +39 0473 923693
https://hotel-castel.com/
restaurants-bars/trenkerstube/

Wirtshaus Vögele
Familie Alber
Goethestraße 3
39100 Bozen (Südtirol)
Tel. +39 0471 973938
www.voegele.it

REZEPTREGISTER

PERSONEN-, ORTS- UND SACHREGISTER

QUELLENVERZEICHNIS

Fanderl, Wastl. Is's a Freud auf der Welt. Lieder von Wastl Fanderl. Bruckmühl: Volksmusikarchiv des Bezirks Oberbayern, 2011.

Felderer, Karl. Das Bozner Bergsteiger-Lied. Innsbruck: Universitätsverlag Wagner, 1946.

Perkonig, Josef Friedrich. Weihnachten in alter Zeit. Graz: Leykam Buchverlagsgesellschaft, 2005.

Waggerl, Karl Heinrich. Das Jahr des Herrn. Leipzig: Insel Verlag, 1934.

Wallner, Norbert. Immer wenn es Weihnachten wird. Innsbruck-Esslingen-Bern/Belp: Helbling, 2006.

DANK

Autor und Fotograf bedanken sich bei allen Beteiligten für ihre Mitarbeit, die gute Zusammenarbeit sowie die bereitwillige Zurverfügungstellung der Rezepte: bei allen Hausfrauen und Bäuerinnen, den Hüttenwirtinnen und Hüttenwirten, Bäckern, Köchinnen und Köchen.

ÜBER DEN AUTOR

Herbert Taschler, 1957 in Toblach im Südtiroler Pustertal geboren, lebt und arbeitet in Eppan an der Südtiroler Weinstraße sowie in Soave im Veneto. Seit Jahren bereist er die italienische Halbinsel von Norden nach Süden und beobachtet dabei vor allem die Wein- und Gastronomieszene. Als freier Fachpublizist, Autor und Sommelier verkostet und schreibt er für verschiedene Medien, unter anderen für den Gambero Rosso, Italiens tonangebenden Weinführer.

ÜBER DEN FOTOGRAFEN

Udo Bernhart arbeitet seit mehr als 35 Jahren als freier Fotograf und Fotojournalist. Im Vinschgau aufgewachsen und der Südtiroler Landschaft eng verbunden, führten ihn Aufträge in die ganze Welt: Feuerland, China, Alaska, Kamtschatka ... Seine Aufnahmen sind in deutschen sowie internationalen Magazinen erschienen. Er hat zahlreiche Fotoreportagen und mehr als 100 Bildbände veröffentlicht. Er lebt abwechselnd im Vinschgau oder in Frankfurt am Main.
Mehr unter: www.udobernhart.de

IMPRESSUM

Verantwortlich: Sonya Mayer
Texte und Rezepte: Herbert Taschler
Fotografie: Udo Bernhart
Redaktion der Rezepte: Esther Szolnoki
Umschlaggestaltung: Regina Degenkolbe,
unter Verwendung eines Fotos von Adobe
Stock/ardasavasciogullari
Layoutgestaltung und Layout: A flock of sheep
Repro: LUDWIG:media
Korrektorat: Franziska Sorgenfrei
Herstellung: Anna Katavic
Printed in Slovakia by Neografia

Unser komplettes Programm finden Sie unter:

 www.christian-verlag.de

Die Deutsche Nationalbibliothek verzeichnet
diese Publikation in der Deutschen National-
bibliografie; detaillierte bibliografische Daten
sind im Internet über http://dnb.d-nb.de abruf-
bar.

ISBN 978-3-95961-489-4

**Sind Sie mit diesem Titel zufrieden?
Dann würden wir uns über Ihre Weiter-
empfehlung freuen.** Erzählen Sie es im
Freundeskreis, berichten Sie Ihrem Buch-
händler oder bewerten Sie bei Onlinekauf.
Und wenn Sie Kritik, Korrekturen, Aktuali-
sierungen haben, freuen wir uns über Ihre
Nachricht an: Christian Verlag,
Postfach 40 02 09, D-80702 München
oder per E-Mail an lektorat@verlagshaus.de

Bildnachweis

Bildnachweis: Alle Fotografien in diesem Buch
und auf der Buchrückseite stammen von Udo
Bernhart, mit Ausnahme von: Seite 42, 78, 9, 82,
83, 86, 87, 90, 91 (Herbert Taschler); Seite 151
(Shutterstock / Wolfgang Filser); Seite 165
(Katholische Jungschar Südtirols – Emi Massmer
Emotions)

Ebenfalls erhältlich ...

ISBN 978-3-95961-272-2

ISBN 978-3-95961-183-1

ISBN 978-3-95961-395-8

ISBN 978-3-95961-369-9

CHRISTIAN

www.christian-verlag.de